并购重组中资产评估机构选择：
基于行业层面视角

BingGou ChongZuZhong ZiChan PingGu JiGou XuanZe
JiYu HangYe CengMian ShiJiao

王田力 ◎ 著

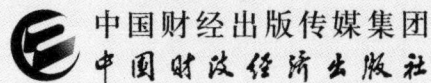

中国财经出版传媒集团
中国财政经济出版社

图书在版编目（CIP）数据

并购重组中资产评估机构选择：基于行业层面视角 / 王田力著. -- 北京：中国财政经济出版社，2021.5
ISBN 978-7-5223-0275-1

Ⅰ.①并⋯ Ⅱ.①王⋯ Ⅲ.①企业兼并–资产评估–研究–中国 Ⅳ.①F279.21

中国版本图书馆 CIP 数据核字（2020）第 259906 号

责任编辑：闫　娟　庄　莉　　　责任校对：徐艳丽
封面设计：孙俪铭　　　　　　　责任印制：刘春年

并购重组中资产评估机构选择：基于行业层面视角
BINGGOU CHONGZUZHONG ZICHAN PINGGU JIGOU XUANZE：
JIYU HANGYE CENGMIAN SHIJIAO

中国财政经济出版社 出版

URL：http://www.cfeph.cn
E-mail：cfeph@cfeph.cn

（版权所有　翻印必究）

社址：北京市海淀区阜成路甲 28 号　邮政编码：100142
营销中心电话：010-88191522
天猫网店：中国财政经济出版社旗舰店
网址：https://zgczjjcbs.tmall.com
北京财经印刷厂印刷　各地新华书店经销
成品尺寸：170mm×240mm　16 开　10.5 印张　162 000 字
2021 年 5 月第 1 版　2021 年 5 月北京第 1 次印刷
定价：45.00 元
ISBN 978-7-5223-0275-1
（图书出现印装问题，本社负责调换，电话：010-88190548）
本社质量投诉电话：010-88190744
打击盗版举报热线：010-88191661　QQ：2242791300

  正如亚当·斯密在《国富论》中所言:"我们的晚餐并非来自屠宰商、酿酒师和面包师的恩惠,而是来自他们对自身利益的关切。"市场主体在利益导向下做出选择,经济学学者所要做的便是揭示这种选择背后的理性逻辑。或者说,经济学学者要去发现"天下熙熙,皆为利来;天下攘攘,皆为利往"中的"利"是什么。王田力博士所著《并购重组中资产评估机构选择:基于行业层面视角》一书,所要揭示的理性逻辑或所发现的"利"便是:企业基于什么原因选择资产评估机构。王田力博士在书中阐述了企业选择资产评估机构的三种逻辑:

  其一,企业在选择资产评估机构为自己进行评估时,往往存在同行效应。换而言之,如果大家倾向于选择某一特定资产评估机构,企业会基于决策成本的考量,也倾向于选择该资产评估机构。

  其二,当企业处于行业竞争激烈的环境下,企业基于不完全暴露自己的考量,不倾向于选择高质量的资产评估机构。

  其三,客户集中度较高和较低的企业,企业基于维系客户关系的考量,倾向于选择高质量的资产评估机构。客户集中度适中的企业,企业不倾向于选择高质量的资产评估机构。

  在三种逻辑下,王田力博士还就企业是否是国有企业、企业是否是H股交叉上市公司、企业股价同步性高低等情况分别进行了阐述。

  可以说,本书打开了企业如何选择资产评估机构的黑箱,让市场主体的行为逻辑完全展现在了读者面前。读罢此书，再去看企业以及资产评估机构的"背书"，便可"知其然知其所以然"。

当然，以上仅仅是个人关于此书梗概的理解，管窥之见，贻笑方家。

作为王田力的同学，看到她的博士论文即将付梓，我们都为她"十年辛苦不寻常"取得成果感到高兴。同时，也为过去五年间，我们能在一起生活、学习、成长而深感幸运。正如王田力在后记中所言："在中央财经大学求学的三年时间，有过快乐，有过眼泪，有过艰辛，也有过幸福。最重要的是，很幸运地遇到了能与我分享快乐、眼泪、艰辛和幸福的朋友。"谨为序。

龚浩
2020 年 6 月 13 日

　　并购重组是资本市场最基础、最核心的功能,是支持资本市场发展的重要因素。根据 wind 中国并购库显示,2018 年,中国企业境内并购和出境并购共发生 11531 单,交易金额 2.77 万亿元;2019 年,中国企业境内并购和出境并购共发生 10138 单,交易金额 2.28 万亿元。可见,并购重组不仅在资本市场上具有举足轻重的作用,也是公司重要的经营决策。因此,基于并购重组的研究有助于了解资本市场发展规律和企业发展模式,具有重要的政策启示意义。

　　《上市公司重大资产重组管理办法》第十七条指出,"资产交易定价以资产评估结果为依据的,上市公司应当聘请具有相关证券业务资格的资产评估机构出具资产评估报告"。由此,我们可知,资产评估结果的准确性和公正性是保障并购重组市场交易的前提条件。相对于并购重组中其他步骤,显然资产评估并没有受到学术界、资本市场的参与者和公众的关注。而资产评估机构作为资产评估结果的主导者,资产评估结果会随着资产评估机构评估行为的不同而不同。资产评估机构的不恰当行为可能会增大并购重组风险。且由于不同的资产评估机构声誉、知识储备量以及人员配置均不同,因此,不同的资产评估机构发生不恰当行为概率也不同,故并购关联方选择不同的资产评估机构会导致不同的评估结果以及并购风险。由此,探究什么因素影响并购关联方选择资产评估机构和资产评估机构选择行为如何影响并购重组风险具有重要的理论和现实意义。

近年来，有大量的学者探究了中介机构选择的问题，中介机构选择的相关研究已经取得一定的研究成果。国内外学者主要从代理成本、信号理论以及保险假设三个角度分析了中介机构选择。从代理成本方面来看，有学者认为独立审计可以作为公司外部治理机制，代理成本越高的公司会更有动机选择高质量的审计师。从信号理论方面来看，有学者认为审计师选择其实是公司向外界传递信号的一种途径，而且风险越大或者有利好消息的公司，更有可能会选择高质量的审计师。从保险假设方面来看，有学者认为审计不仅可以向外界传递消息，而且能起到保险的作用。但是，就资产评估机构选择而言，我们认识并不深入。因此本书试图从行业层面探究并购重组中资产评估机构选择的问题。

首先，本书结合社会学、心理学和经济学理论，探究了资产评估机构选择的同行效应，即同行公司的资产评估机构选择对本公司的资产评估机构选择的影响。随后检验了企业产权、产品市场竞争、市场化程度、企业价值评估准则出台对资产评估机构选择的同行效应的影响。其次，本书结合中国国情，考察了产品市场竞争与资产评估机构选择的关系，同时考察了企业产权、股价同步性、H股交叉上市、企业价值准则出台对产品市场竞争与资产评估机构选择行为两者关系的影响。最后，本书考察了供应商客户关系与资产评估机构选择之间的关系，深入分析了供应商客户关系对资产评估机构选择的影响，并研究了企业产权、股价同步性、CEO持股、四大会计事务所审计以及产品市场发育程度对供应商客户关系与资产评估机构选择两者关系的影响。

本书以2011—2016年的并购重组为目的的资产评估相关数据为研究样本进行实证研究，通过研究，本书得到如下的实证结论：

1. 资产评估机构选择行为存在同行效应；被评估公司处于产品市场竞争激烈环境下，资产评估机构选择行为的同行效应更弱；被评估公司是国有企业时，资产评估机构选择行为的同行效应更强；被评估公司处于市场化程度较高的地区时，资产评估机构选择行为的同行效应更弱；企业价值评估准则出台后，资产评估机构选择行为的同行效应更强。

2. 产品市场竞争与资产评估机构选择显著负相关；被评估公司是国有企业，产品市场竞争与资产评估机构选择的负相关关系更弱；被评估公司存在高股价同步性，产品市场竞争与资产评估机构选择的负相关关系更强;被评估公司是 H 股交叉上市公司,产品市场竞争与资产评估机构选择的负相关关系更弱;企业价值评估准则出台后,产品市场竞争与资产评估机构选择的负相关关系更弱。

3. 供应商集中度与资产评估机构选择之间存在倒"U"形关系,而客户集中度与资产评估机构选择之间存在线性负相关关系;被评估公司是国有企业时,供应商集中度与资产评估机构选择之间的倒"U"形关系更强,客户集中度与资产评估机构选择的负相关关系更强;被评估公司的股价同步性较低时,客户集中度与资产评估机构选择的负相关关系更强。而被评估公司的股价同步性越高,供应商集中度与资产评估机构选择之间的倒"U"形关系更强;被评估公司的 CEO 持股较低时,客户集中度与资产评估机构选择的负相关关系更强。供应商集中度与资产评估机构选择之间的倒"U"形关系更强;被评估公司聘请四大会计事务所审计,对供应商客户集中度与资产评估机构选择之间关系影响不大;被评估公司处于产品市场发育程度较高的地区时,客户集中度与资产评估机构选择的负相关关系更强,但是产品市场发育程度对供应商集中度与资产评估机构选择之间的关系影响不大。

本书的主要贡献在于:第一,丰富了中介机构选择领域的研究。以往的文献主要研究了审计师的选择,但对资产评估机构选择的研究尚未出现。本书首次探讨了资产评估机构选择的问题,将中介机构选择研究拓展到资产评估领域。第二,拓展了现有同行效应的相关研究,目前关于同行效应的研究多是从企业破产、财务报告重述、信息披露等方面对同行效应中的溢出效应和传染效应进行研究,但从中介机构层面探究同行效应的研究甚少,本书从行业层面探讨了并购重组中资产评估机构选择,拓展了同行效应研究领域。第三,丰富了并购重组领域的研究。以前的文献基本上从并购重组绩效、并购重组商誉以及并购重组是否能创造价值等角度研究并购重组行为。以往文献较少研究资产评估在并购重组定价中的作用,本书从并购重组角度探究资产评估机构选择的问题,进一步深化了资产评估在并购重组中的作用,丰富了并购重组的研究领域。第四,拓宽了产品市场竞争的研究领域。国内外学者主要从信息披露、盈余管理和代理成本三个角度展开研究,但仅有少数学者从中介层面研究了产品市场竞争问题,本书研究了产品市场竞争与资产评估机构选择,丰富了中介层面的产品市场竞争研究领域。第五，扩充了供应商客户关系的研究。目前关于供应商客户关系的文献多是从经营策略、企业风险和企业业绩等角度对供应商客户关系进行研究。本书研究了供应商客户关系对资产评估机构选择的影响，扩展了供应商客户关系研究。

本书除了具有上述理论贡献外，还具有重要的现实意义：第一，本书有利于深化资本市场参与者和公众对资产评估机构和资产评估的认知。目前我国资本市场参与者和公众缺乏对资产评估机构的认知，以致忽视资产评估对并购重组的影响。本书重点提出了资产评估机构对并购重组的影响机制，深化了资本市场参与者对资产评估机构和资产评估的认知。第二，本书对促进资产评估行业规范有序发展具有启示作用。本书发现资产评估机构与公司合谋行为是影响资产评估机构规范有序发展的重要原因之一，因此政府和监管部门应当制定相应的监管机制降低资产评估机构和公司合谋行为的概率，有效地促进资产评估行业规范有序地发展。第三，本书揭示了资产评估机构选择行为对并购重组的影响机制，这为监管部门监管并购重组行为提供了有效的监管方向，保障我国并购重组交易市场稳定发展具有重要的政策启示作用。第四，本书研究为并购重组关联方有效地避免并购重组风险提供了方式。本书发现公司更有可能与低质量的资产评估机构发生合谋行为，因此并购重组关联方应该重视资产评估机构选择行为，尤其当公司选择排名较后的资产评估机构时，应当给予更多的重视，增加对被评估公司的多方面的考察，合理地预测企业价值，避免并购重组风险的发生。

王田力

目 录

第1章 引言 ……………………………………………… （ 1 ）
  1.1 选题背景与问题提出 ……………………………… （ 1 ）
  1.2 研究内容和本书结构 ……………………………… （ 6 ）
  1.3 研究贡献和研究意义 ……………………………… （ 8 ）

第2章 理论基础和文献回顾 ………………………… （ 11 ）
  2.1 理论基础 …………………………………………… （ 11 ）
  2.2 文献回顾 …………………………………………… （ 13 ）
  2.3 本章小结 …………………………………………… （ 25 ）

第3章 制度背景 ……………………………………… （ 27 ）
  3.1 我国资产评估行业发展历程和现状 ……………… （ 27 ）
  3.2 中国并购重组市场现状 …………………………… （ 32 ）
  3.3 中国行业发展现状 ………………………………… （ 36 ）
  3.4 本章小结 …………………………………………… （ 40 ）

第4章 并购重组中资产评估机构选择的同行效应研究 ……………………………………………………… （ 42 ）
  4.1 问题提出 …………………………………………… （ 42 ）

4.2　研究假设 …………………………………………………（44）
　　4.3　研究设计 …………………………………………………（50）
　　4.4　实证结果与分析 …………………………………………（54）
　　4.5　稳健性检验 ………………………………………………（65）
　　4.6　本章小结 …………………………………………………（69）

第5章　产品市场竞争与资产评估机构选择 ………………（71）
　　5.1　问题提出 …………………………………………………（71）
　　5.2　研究假设 …………………………………………………（73）
　　5.3　研究设计 …………………………………………………（78）
　　5.4　实证结果与分析 …………………………………………（82）
　　5.5　稳健性检验 ………………………………………………（92）
　　5.6　本章小结 …………………………………………………（95）

第6章　供应商客户关系与资产评估机构选择 ……………（97）
　　6.1　问题提出 …………………………………………………（97）
　　6.2　研究假设 …………………………………………………（99）
　　6.3　研究设计 …………………………………………………（104）
　　6.4　实证结果与分析 …………………………………………（108）
　　6.5　稳健性检验 ………………………………………………（119）
　　6.6　拓展性检验 ………………………………………………（125）
　　6.7　本章小结 …………………………………………………（130）

第7章　结论、启示与局限性 …………………………………（132）
　　7.1　研究结论 …………………………………………………（132）
　　7.2　政策启示 …………………………………………………（135）
　　7.3　研究局限性和未来研究方向 ……………………………（136）

参考文献 …………………………………………………………（139）
后　　记 …………………………………………………………（156）

第1章 引 言

1.1 选题背景与问题提出

1.1.1 选题背景

现代经济社会下,中介机构的地位不断上升,越来越多的学者、政治人士以及社会公众发现中介机构的发展有利于中国资本市场健康有序地发展。中国政府和各大监管机构一直致力于建立一个公正、公平和高效的中介行业。资产评估机构作为中介行业中重要参与者之一,它的出现不仅有助于帮助企业有效地改善经营决策、提升企业价值、了解企业真实状况以及提高投资决策效率,而且有助于减少并购重组交易中风险。但是相对审计,资产评估在并购重组中作用往往被大部分学者和社会公众所忽略。造成这原因是,相对于频繁发生的审计业务,资产评估业务仅在企业有需求时才有可能发生。例如,以并购重组为目的的企业价值评估仅在企业有并购重组需求的情况下才会发生。故本书选择资产评估机构进行研究以期望资产评估机构以及资产评估行业能获得学者和社会公众的更多关注。

随着中国资本市场的发展,并购重组成为中国上市公司实施自身多元化战略的主要途径之一。综观中美上市公司并购重组历程,中国上市公司并购重组的起步虽晚,但是并购重组发展速度不容小觑。其中2013年中国上市公司并购重组交易金额为8892亿元,到2019年我国并购重组交易金额已增至2.28万亿元。通过这组数据,我们可以发现,并购重组作为资本市场上的最基础、最核心的功能,已然成为中国经济发展的重要支撑。尤其是,近几年中国政府大力发展"一带一路"倡议。在"一带一路"倡议的驱动下,我国并购重组业务由以国内业务为主向"国际+国内"业务双驱动转型,并购重组重点行业从高科技、消耗品等少数行业向多元化转变,并购重组并购方由国有企业向民营企业转变。由此可知,"一带一路"倡议的发展不仅给中国并购重组带来新的机遇,也提升了并购重组在中国资本市场的地位。因此随着我国并购重组交易市场的活跃,并购重组成为学界、政界、资本市场参与者以及社会公众所关注的热点问题。因此关于并购重组的研究引起了学者的兴趣,但是从资产评估的角度探讨并购重组的研究甚少。

事实上,在并购重组业务中,资产评估的作用尤为重要。以并购重组为目的的资产评估不仅是并购重组交易的重要过程,而且也是保证并购重组成功与否的前提条件。具体而言,并购定价有可能会随着资产评估结果的变化而变化,而资产评估机构作为资产评估的主体,资产评估结果会随着资产评估机构对估值方法选取以及参数选取的不同而不同,因此,公司选择不同的资产评估机构可能会对并购重组行为产生不同的影响。而公司作为并购重组的关联方,它有可能存在为了不同的自身利益选择不同的资产评估机构,那么公司会在什么情况下选择高质量资产评估机构呢?在什么情况下选择低质量资产评估机构呢?我们一无所知。故本书探究了并购重组中资产评估机构选择的问题。

近年来,国内外学者们开始关注中介机构选择的问题。目前研究主要从代理成本、信号理论以及保险假设三个方面分析了审计师选择。从代理成本方面来看,学者认为独立审计可以作为公司外部治理机制,代理成本越高的企业会选择高质量的审计师(Defond,1992;Fan和Wong,2005;孙铮和于旭辉,2007)。从信号理论方面来看,学者认为审计师选择是公司向外界传递信号的一种途径，而且风险越大或者有利好消息的企业，会选择高质量的审计师（Titman 和 Trueman，1985；Datar 等，1991）。从保险假设方面来看，学者认为审计不仅可以向外界传递消息，而且能起到保险的作用，因此当审计机构发生破产事件时，公司股价也会受到波及（Menon 和 Williams，1994；Hillison 和 Pacini，2004）。还有部分学者探讨了政治关联与审计师选择的关系（Wang 等，2008；雷光勇等，2009；杜兴强和周泽将，2010）。但是这些研究只是针对审计师选择问题进行了探究，而资产评估机构也作为中介机构的重要组成部分，却没有学者探讨资产评估机构选择的问题。因此探究资产评估机构选择研究具有一定的意义。

三鹿奶粉事件、银行挤兑、羊群效应等一系列事件都体现了行业中企业之间的相互影响作用。而且随着市场化的发展，行业中企业之间的联系越来越紧密。这种企业之间的紧密联系主要表现在同行之间的信息传递和学习上（金智等，2011）。国内外关于同行效应（peer effect）的研究，主要是集中在传染效应和溢出效应两个方面。传染效应是指其他个体或经济实体的经济行为对自身相同经济行为产生的影响（Lang 和 Stulz，1992；Acharya，2011；黄俊等，2013；陈蓉，2017）。而溢出效应是指其他个体或经济实体的经济行为产生的外部性对自身的不同经济行为的影响（Beatty 等，2013）。就中介机构的同行效应而言，一部分学者分析了财务报表重述的传染效应与审计师之间的关系（徐艳萍等，2015）。另外一部分学者则发现会计事务所存在内部传染效应（Francis 和 Michas，2014；刘明辉和乔贵涛，2014）。但是，就资产评估机构选择行为的同行效应而言，我们认知还是有限的。因此本书考察了资产评估机构选择行为是否存在同行效应。

行业环境是影响公司行为的重要外部因素之一。产品市场竞争是行业环境的衡量指标之一。国内外学者对产品市场竞争的研究，主要是集中在信息披露水平和代理成本这两个方面。在信息披露水平方面，学者们从竞争压力（Darrough 和 Stoughton，1990；Harris，1998；王雄元和刘焱，2008）和专有成本（Wagenhofer，1990；Shin，2002）两个角度展开研究。在代理成本方面，学者们从盈余管理（Fan 和 Wang，2002；Markarian 和 Santalo，2014）和监管行为（Hart，1983；Schmidt，1997）两个角度展开研究。而信息披露水平和代理成本都可能对公司行为产生影响。那么信息披露水平和代理成本也可能存在对资产评估机构选择行为的影响。因此本书将考察产品市场竞争与资产评估机构选择行为之间关系。

越来越多的国内外学者关注了供应商客户契约关系对公司经济行为的影响。有学者认为供应商客户契约关系是公司的一项无形资产（Lev，2011）。因此供应商客户契约关系破裂会对公司经营业绩产生很大的影响。公司拥有较高供应商集中度和较高客户集中度时，供应商客户契约关系的破裂会增大公司的经营风险和流动性风险（Titman 和 Wessels，1988；Dhaliwal 等，2016）。但是从另一方面看，公司拥有较高供应商集中度和较高客户集中度时，供应商和客户存在为了维护自己利益而去监督公司高管的行为，从而降低公司代理成本（Albuquerque 等，2011）。我们知道，公司代理成本的降低和企业风险的增大都会对公司经济行为产生影响。那么供应商客户契约关系会不会对资产评估机构选择行为产生影响呢？因此，本书将考察供应商客户关系与资产评估机构选择行为之间的关系。

1.1.2　问题提出

基于以上分析，本书将结合中国特色制度环境，从同行效应、产品市场竞争和供应商客户关系三个维度深入分析和检验资产评估机构选择问题。同行效应、产品市场竞争和供应商客户关系作为行业重要特征，它们会通过哪些方面对资产评估机构选择行为产生怎样的影响？本书提出以下三个问题：

首先，资产评估机构选择是否存在同行效应？第一，相对审计行业来说，上市公司存在对资产评估行业和资产评估机构认知不足，特别是对以并购重组为目的的资产评估业务存在更强的认知不足问题。当个体存在认知不足的情况下，个体跟随其他个体的行为可以帮助个体快速且节约成本地做决策（Kameda 和 Nakanishi，2003）。因此，公司有可能会存在为了节约成本和快速做出决策而学习同行其他公司的资产评估机构选择行为。第二，社会影响理论中提到，当社会中个体受到群体的规范压力时，个体会倾向于跟随群体的行为。因此，上市公司在受到更多的监管规范压力的情况下，有可能会选择跟随同行公司的行为。第三，Quiamzade 和 L'Huillier（2009）发现，投资越高风险的金融产品时，投资者有更强的风险感知,所以更容易发生羊群效应。因此,我国上市公司受到更强的监管压力情况时,他们会对资产评估机构选择行为所致的风险有很强的感知,在风险感知的驱动下,上市公司的资产评估机构选择行为更容易发生同行效应。因此,在理论上,资产评估机构选择有可能存在同行效应。那么实际情况下,资产评估机构选择存在同行效应吗?

其次,本书研究了产品市场竞争与资产评估机构选择的关系。第一,大量早期的学术文献认为,产品市场竞争会影响上市公司的信息披露程度(Darrough 和 Stoughton,1990;Harris,1998)。而且产品市场竞争越强,信息披露程度越大和信息披露质量越好。洪金明等(2011)提出为了向投资者传递好信号和增强投资者对公司信息的信任度,信息披露质量高的公司更有动机去选择高质量的审计师。故对于资产评估机构选择也有可能存在这种情况。因此,我们认为产品市场竞争越强的上市公司会更倾向于选择高质量的资产评估机构。第二,有学者提出产品市场竞争是上市公司一种外部治理机制,产品市场竞争越强,代理成本越低。进而上市公司与低质量资产评估机构发生合谋的概率减少,因此产品市场竞争越强的上市公司会更倾向于选择高质量的资产评估机构。第三,产品市场竞争越强,专有成本越高(Oliver,2009)。如果上市公司选择高质量的资产评估机构可能会导致公司的专有信息过度泄露,从而减少并购重组后公司的竞争力。因此,产品市场竞争越强,上市公司也越可能有动机选择低质量的资产评估机构。第四,产品市场竞争越强,负向盈余行为增强。陈骏和徐玉德(2011)认为产品市场竞争程度越强,出于减少专有成本、减少流动性风险以及增强股价估值的考虑,公司有很强的动机去发生盈余管理。然而,存在盈余管理的公司有可能存在违反会计准则,违规更变会计方法的行为。因此,公司有可能会为了掩盖违规行为,更倾向于选择低质量的资产评估机构。综上所述,理论上,产品市场竞争有可能会对资产评估机构选择产生影响,但是两者之间是正向影响,还是负向影响?我们并不确定。那么实际情况下,产品市场竞争会对资产评估机构选择产生影响吗?影响的方向又是如何呢?

最后,本书研究了供应商客户关系对资产评估机构选择的影响。第一,有文献提出,供应商客户关系越紧密,企业风险越大(Dhaliwal 等,2016)。当企业风险较大的情况下,如果公司选择了高质量的资产评估机构进行评估,那么投资者和并购重组关联方有可能会通过资产评估报告发现公司的风险,这有可能会导致并购重组失败。因此供应商关系越紧密,上市公司更倾向于选择低质量的资产评估机构。第二,也有学者提出供应商客户关系越紧密,公司代理成本越低(Albuquerque 等,2011)。故公司拥有较高的供应商和客户集中度时,公司高管与低质量资产评估机构发生合谋的概率减少,因此公司选择高质量的资产评估机构的概率会增加。由此,我们认为供应商和客户集中度会对资产评估机构选择产生影响。但是两者之间是正向影响,还是负向影响?我们并不确定。那么实际情况下,供应商客户关系会对资产评估机构选择产生影响吗?方向又是如何呢?

1.2　研究内容和本书结构

图 1-1 为本书结构图。本书包括 7 章,具体内容阐述如下:

第 1 章为引言,首先介绍了本书的选题背景,主要介绍了本书为什么选择该选题,该选题是否存在理论意义和现实意义。其次,简单地介绍了本书的研究内容和全书结构。最后,详细地论述了该选题的理论意义和现实意义。

第 2 章是理论基础和文献回顾。理论基础部分主要从审计师选择和同行效应理论方面进行了阐述。文献回顾部分主要从审计师选择、同行效应、产品市场竞争和供应商客户关系四个方面进行了阐述。审计师选择这部分的文献主要是从代理理论、信号理论以及保险价值三个方面进行了梳理和阐述。同行效应这部分的文献主要是从传染效应和溢出效应两部分进行了梳理和阐述。传染效应主要从经济行为不同类型、信息披露和财务行为三个角度阐述。溢出效应主要从投融资行为、公司信息披露两方面阐述。产品市场竞争主要是从信息披露、盈余管理和代理成本进行了阐述。供应商客户关系主要是从企业风险和企业业绩两个方面论述。

第 3 章是制度背景。这章首先阐述了中国资产评估机构发展的现状及成因。随后介绍了中国并购重组市场的现状以及中国行业发展现状。

第 4 章研究了并购重组中资产评估机构选择的同行效应。本章首先探究了同行公司资产评估机构选择对本公司资产评估机构选择的影响。之后考察了企业产权、产品市场竞争、市场化程度、企业价值评估准则出台对资产评估机构选择同行效应的影响。

第5章研究了产品市场竞争与资产评估机构选择的影响。本章首先探究了产品市场竞争对资产评估机构选择的影响。之后又考察了企业产权、股价同步性、H股交叉上市、企业价值准则出台对产品市场竞争与资产评估机构选择行为之间的负相关关系的影响。

第6章研究了供应商客户关系与资产评估机构选择的影响。本章首先探究了客户关系对资产评估机构选择的影响。之后又考察了企业产权、股价同步性、CEO持股比例、国际四大事务所审计以及产品市场发育程度对客户关系与资产评估机构选择的关系的影响。在拓展性检验中考察了供应商关系对资产评估机构选择的影响，并进一步探究了企业产权、股价同步性、CEO持股比例以及产品市场发育程度对供应与资产评估机构选择之间的倒"U"形关系的影响。

第7章为结论、启示与局限性。本章首先对全文的研究内容进行了总结概括，提出本书结论。其次在本书的结论基础上提出相应的政策建议，以期为政府、监管机构监督并购重组风险提供帮助，最后阐述了本书的研究局限性，以及未来的研究方向。

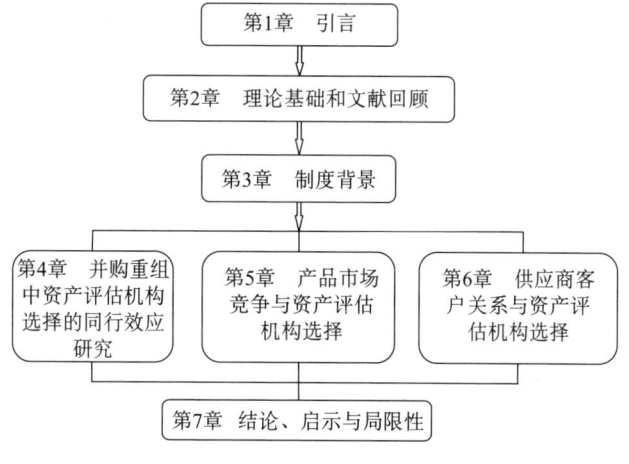

图1-1 本书结构图

1.3 研究贡献和研究意义

本书的研究贡献主要体现在以下几个方面：

第一，丰富了中介机构选择领域的研究。国外学者多是从代理成本（Jensen 和 Meckling，1976；Chow，1982；Fan 和 Wong，2005）、信号理论（Titman 和 Trueman，1985；Batty，1989）和保险价值（Dye，1993；Hillison 和 Pacini，2004）出发探究审计师的选择，而国内学者则多是探讨了政治关联与审计师选择之间关系（戴亦一等，2013；Wang 等，2008）。但对资产评估机构选择的研究尚未出现。本书首次探讨了资产评估机构选择，将中介机构选择研究领域拓展到资产评估层面，拓宽了中介机构选择领域的研究。

第二，拓展了现有同行效应的相关研究。目前关于同行效应的研究多是从企业破产（Lang 和 Stulz，1992；Hertzel 等，2008）、财务报告重述（Gleason 等，2008；Acharya，2011；Floyd，2012）、信息披露（金智等，2011）等方面对同行效应中的溢出效应和传染效应进行研究，但从中介机构层面探究同行效应的研究甚少。因此，本书从资产评估选择的角度探讨了同行效应，进一步深化了同行效应在中介机构层面的研究。

第三，丰富了并购重组领域的相关研究。前人文献主要从并购重组绩效（Dube 和 Glascock，2006；Jensen 和 Ruback，1983；；张雯等，2013）、并购重组商誉（Jennings 等，1992；Henning 等，2000；Dunne 和 Ndubizu，1995）以及并购重组是否能创造价值（Jensen，1986；Harford，1999）等角度研究并购重组行为。以往文献较少研究资产评估在并购重组定价中的作用，本书从并购重组角度探究资产评估机构选择的问题，进一步深化了资产评估在并购重组中的作用，丰富了并购重组的研究领域。

第四，拓宽了产品市场竞争的研究领域。国内外学者主要从信息披露（Darrough 和 Stoughton，1990；Harris，1998；王雄元和刘焱，2008）、盈余管理（Sheifer，2004；Hou，2006）和代理成本（Hart，1983；Karuna，2007）三个角度展开研究，但是仅有少数学者从审计师选择（徐玉德和韩彬，2017）、审计费用（邢立全和陈汉文，2012）等中介机构角度分析了产品市场竞争对公司的影响。而本书研究了产品市场竞争与资产评估机构选择，丰富了中介层面的产品市场竞争研究领域。

第五，扩充了供应商客户关系的研究。目前关于供应商客户关系的文献多是从经营策略（波特，1979；Lee 和 Rosenalatt，1986）、企业风险（Becchetti 和 Sierra，2003；王雄元等，2014）和企业业绩（Kim，1996；Albuquerque 等，2011）等角度对供应商客户关系进行研究。本书从供应商客户关系角度探究了资产评估机构选择的问题，进一步扩展了供应商客户关系的研究领域。

第六，拓展了资产评估理论研究。关于资产评估领域的研究，主要集中在资产评估基础理论、评估方法、评估准则和评估行业建设等问题上，而本书首次将资产评估学、财务学、心理学等学科结合，对我国资产评估机构选择进行了研究，有助于增进国内外学者对资产评估机构选择行为的理解。

本书的研究除了以上的理论贡献以外，还具有一定的现实意义。主要表现在以下几点：

第一，本书有利于深化资本市场参与者对资产评估机构和资产评估的认知。资产评估行业起步较晚，行业发展不完善，行业业务差异较大，导致我国资本市场参与者缺乏对资产评估机构的认知，以致忽视了资产评估机构在并购重组中的重要性。特别的，本书重点提出了资产评估机构对并购重组的影响机制，深化了资本市场参与者对资产评估机构和资产评估的认知，有助于提升资产评估机构在资本市场上的地位。

第二，本书对促进资产评估行业规范有序发展具有启示作用。政策制定者和监管部门可能认为资产评估机构的执业行为不规范，或者资产评估机构的道德约束不够是影响资产评估行业规范发展的直接原因，但是事实上，通过本书的研究发现资产评估机构与公司合谋行为才是影响资产评估机构的始作俑者。本书的研究能够提高政策制定者和监管机构对资产评估机构与公司合谋行为的重视和关注，促使政府和监管部门制定相应的监管机制来降低资产评估机构和公司合谋行为的概率，从而能够有效地促进资产评估行业规范有序的发展。

第三，本书的研究对减少并购重组风险，保障我国并购重组交易市场稳定发展具有重要的政策启示作用。首先，本书发现公司存在学习同行公司选择资产评估机构行为。其次，本书发现在产品市场竞争较激烈和较高供应商和客户集中度的情况，公司存在为了掩盖公司风险而选低质量资产评估机构的行为。而这些行为都可能会提高并购重组系统性风险和非系统性风险。因此监管机构应该增强对资产评估机构选择行为的同行效应的关注，加强对产品市场竞争高、供应商客户集中较高的行业中公司的监管，故本书的研究结果为监管部门监管并购重组行为提供了有效的监管方向。

第四，本书的研究为并购重组关联方有效地避免并购重组风险提供了方式。本书发现在风险较大和代理成本较高的情况下，公司有可能出于保护自身的利益或者掩盖业绩的目的，与低质量的资产评估机构发生合谋行为，因此并购重组关联方需增强对资产评估机构选择这个行为的重视，尤其是当公司选择排名较后的资产评估机构时，并购重组关联方应该增加对被评估公司的多方面考察，合理地预测企业价值，谨慎地发生并购重组交易，以降低并购重组风险的发生。

第五，本书的研究为行业监管提供了理论支持。国外文献中，产品市场竞争和供应商客户关系通常被认为是企业外部监督机制。但是，本书研究发现，在中国资本市场上，产品市场竞争和供应商客户关系的监督机制并没有完全发挥出来。因此监管者应该通过加强法律法规的建设、减少政府干预等手段促进产品市场竞争和的外部监督机制的发挥。

第六，本书的研究对政府干预公司行为起到警示作用。本书研究发现，政府干预会增强高管的寻租行为，减少公司的信息披露水平，从而抑制了产品市场竞争和供应商客户关系对公司治理的监督机制。故监管机构在对公司行为的监管过程中应当重点关注政府干预的问题。

第 2 章 理论基础和文献回顾

本章主要包括三部分：一是理论基础，二是文献回顾，三是本章小结。在理论基础部分，从审计师选择理论和同行效应理论两方面阐述与本书相关的理论基础。在文献回顾的部分，从审计师选择、同行效应、产品市场竞争、供应商客户关系和并购重组五个角度阐述与本书研究主题相关的经验研究。

2.1 理论基础

2.1.1 审计师选择理论

阐述该理论最重要的三篇文章来自詹森和迈克林（Jensen 和 Meckling，1976）、蒂特曼和图尔曼（Titman 和 Trueman，1985）、戴伊（Dye，1993）。其中，詹森和迈克林（1976）这篇文章是审计师选择理论中代理理论的奠基之作。詹森和迈克林（1976）在文章中解释了为什么独立审计人员会被股东聘请来证明公司财务报告的准确性和正确性。詹森和迈克林（1976）认为股东聘请审计师对财务报告进行审计，这种行为虽然会增加监督成本，但是同时也可以约束代理人的渎职行为和减少了代理人对合同的权力，从而减少了保证成本和剩余损失。

市场参与者认为审计师和投资银行的选择会影响首次公开募股的价格，而且这个观点直接反映了一个现象，即审计师和投资银行的质量可以给市场参与者提供关于公司真实价值的信息。因此，蒂特曼和图尔曼（1985）提出了信号帕累托最优模型，以期验证上述观点。蒂特曼和图尔曼（1985）的研究结果表明，在合理条件下，审计师和投资银行的质量是公司价值的函数且存在正向影响关系，因此拥有利于公司价值好消息的企业会更有动机选择高质量的审计师和投资银行。

而戴伊（1993）提出，如果审计是自愿的，那么只有当公司的预期售价上涨幅度大于审计成本时，公司管理者才有可能会聘请审计师。因此，聘请审计师会增加销售价格的原因有两个：首先，审计能够传递有关公司成功可能性的信息，从而节省了对失败公司的投资。其次，因为审计师对其出具的报告需要承担责任，即如果被投资的公司发生破产或者存在审计不符合准则的情况下，公司管理者可以要求审计师进行资产索赔。

2.1.2 同行效应理论

同行效应的研究首先出现在社会心理学领域，"同行效应"在社会心理学和组织行为学领域又被称为"从众效应"。关于从众效应理论，一些著名学者是这样论述的：Cyert 和 March（1963）在公司行为理论中提到公司决策者存在为了节约成本和资源，模仿学习其他公司的决策行为。Dimaggio 和 Powell（1983）将影响组织行为趋同的原因划分成三类：强制性压力、模仿性压力和规范性压力。强制性压力是指政府制度或者出台的法律法规对组织行为的压力。模仿性压力是指不确定性导致组织模仿已成功的其他组织的行为。规范性压力是指社会发展进程中产生社会规范对组织行为的压力。Milliken（1987）在 Dimaggio 和 Powell 基础上，提出组织决策者在做决策时，管理者对环境不确定性的感知会导致组织决策者模仿和复制其他决策者的战略行为。Latane（1981）在社会影响理论中提到，从众行为通常发生在个体受到社会或者群体的规范带来的压力时反映出来的行为，尤其是在存在明显外在规范压力的情况下，这种趋同效应会更加强烈。Abrahamson 和 Rosenkopf（1997）通过研究社会网络对创新扩散程度的影响，提出社会网络能促进个体之间的信息传递，因此处于社会网络中相似位置的个体之间倾向于相互模仿和相互竞争。David 和 Jean（2011）认为当个体受到群体的压力时，会改变自己的行为和信念，并跟随群体的行为和信念。

羊群效应作为同行效应的特例之一，羊群效应也得到学者们的关注。Friend 等（1970）的研究被广泛地认为是羊群效应的经典研究。Friend 等（1970）发现在短期预测行为中存在一种趋势，即投资公司会遵循其更成功对手的以前的投资选择（它们也被称为跟随领导者行为）。Scharfstein 和 Stein（1990）认为管理者只是一味模仿其他经理人的投资决策，而忽略了大量的私人信息。尽管从社会的角度来看，这种行为是无效的，但是从关注劳动者市场声誉的管理者角度来看，这有可能是合理的。Banerjee（1992）建立了一个顺序决策模型，在这个模型中，每个决策者都能观测到以前的决策者做出的决定，并做出自己的决定，实验结果表明，个体行为存在羊群效应特征，即个体通常会忽视自身获得的信息，仅跟随前人的决策而做决策。

2.2 文献回顾

与本书相关的研究领域包括五个方面：一是审计师选择的研究；二是同行效应的研究；三是产品市场竞争的研究；四是供应商客户关系的研究；五是并购重组的研究。

2.2.1 审计师选择相关文献

此部分从审计市场供求角度来回顾审计师选择相关研究，包括三个方面：代理成本、信号理论和保险价值。

（1）代理成本与审计师选择

在代理成本方面，大部分学者认为，外部独立审计可以作为监控和缓解公司代理成本的一种机制（Jensen 和 Meckling，1976；Chow，1982；

Francis 和 Wilson, 1988)。Chow (1982) 提出，公司聘请审计师的作用是帮助控制公司管理者、股东和债券持有人之间的利益冲突，而且公司特征（规模、财务杠杆、负债以及管理层所有权）会影响公司对审计服务的需求。独立审计的需求会随着代理成本的情况而改变。其中，Defond (1992) 提出代理成本与审计质量的需求呈正比例关系。而审计质量一般由会计事务所的规模和声誉所决定（Francis 和 Yu, 2009)。所以在前人的研究基础上，也有学者探讨了代理成本、公司治理特征与会计事务所之间的关系，发现，在资本市场上，代理成本越小，公司选择高质量的审计事务所概率降低（Francis 和 Wilson, 1988; Firth 和 Smith, 1992; 李明辉, 2006; Fan 和 Wong, 2005; 孙铮和于旭辉, 2007; 车宣呈, 2007; 杜兴强和谭雪, 2016; 王裕和任杰, 2016;)。

(2) 信号理论与审计师选择

在信号理论方面，大部分学者认为审计师选择可以帮助公司向外界传递一种关于公司真实价值的信号（Titman 和 Trueman, 1985; Batty, 1989)，尤其是可以给投资者传达公司的部分特质信息（Datar 等, 1991)。Titman 和 Trueman (1985) 提出公司选择高质量的审计师时，投资者将会给予公司更高的价值预期，所以相对于其他公司，拥有更多利己信息的公司会选择高质量的审计师。Batty (1989) 试图探究审计师声誉与 IPO 初始收益率之间的关系，发现，选择高质量的审计可以向外传递利好消息以降低 IPO 的抑价率。也有学者使用国内数据和英国数据验证了 Batty 的结论（王兵等, 2009; 肖小凤和唐红, 2010; Holland 和 Horon, 1993)。Myers (1984) 认为选择高质量的审计师可以降低信息不对称，而信息不对称是影响交易成本的因素之一。交易成本的减少可以加快公司向合理的资本结构调整。张娟等 (2010) 也利用国内数据验证这一点。也有学者从信号传递的角度探讨了媒体负面报道与审计师选择的关系（戴亦一等, 2013; 周兰和耀友福, 2015)、政治关联与审计师选择之间的关系（Wang 等, 2008; 雷光勇等, 2009; 杜兴强和周泽将, 2010; 黄新建和张会; 2011; 王成方和刘慧龙, 2014; 梁莱歆等, 2011)。

(3) 保险价值与审计师选择

在保险价值方面，Dye (1993) 提出了审计不仅能向外界传递公司信息，而且还能起到保险价值作用，而且这种保险价值取决于审计师的法律责任和赔偿能力。因为审计具有保险价值，所以在 Laventhol & Horwath 事务所破产后，对它的客户的市场价值产生很大的影响（Menon 和 Williams，1994）。Hillison 和 Pacini（2004）通过分析"四大"事务所的破产传闻对客户的股票的价格的影响，也验证了审计的保险价值。

但是，也有国内学者龚启辉等（2012）认为政府干预扭曲了审计市场上的供求关系。因此，审计市场的供求理论对中国资本市场上的国有企业的审计师选择行为并没有影响。

2.2.2 同行效应相关文献

目前国内外学者对同行效应的研究主要有两类：传染效应和溢出效应。因此本书从传染效应和溢出效应两个角度进行了阐述。

（1）传染效应相关研究

此部分从三个角度阐述传染效应的相关文献。第一，在危机事件的同行传染效应方面，Lang 和 Stulz（1992）研究了破产公告对破产公司竞争对手的股权价值的影响，其中公司发生破产会造成竞争对手公司的股价下降1%。Hertzel 等（2008）提出当公司发生破产时，行业内的竞争对手公司的价值会减少，并且供应链上的供应商和客户公司的价值也会受到影响。Boone 和 Ivanov（2012）发现当其他合作伙伴申请破产，非破产战略联盟合作伙伴在合作公司的破产申报公告期间内都经历了股价下跌的情况。王永钦等（2014）以中国食品行业为研究对象，提出当外部监督较弱时，传染效应对信任品市场起主要作用。也有学者以国美事件为例，认为危机事件发生后，对于竞争程度较高的行业来说，竞争效应会低于传染效应（王思敏和朱玉杰，2010）。黄俊等（2013）则是以企业集团为研究的对象，发现伴随集团中某一企业的业绩降低，集团内部的其他企业的业绩也会降低。

第二，在信息披露的同行传染效应方面，Xu 等（2006）发现当某公司发生了会计重述时，该公司的竞争对手且具有相似现金流量特征的公司也发生会计重述，但是传染效应并不影响行业中其他公司。Gleason 等（2008）也提出类似的观点，公司会计重述也会导致同行业非重述公司股价下跌，造成这一现象的原因是投资者对行业中所有公司的预期。Acharya（2011）提出坏消息会触发同行公司在未来披露坏消息。Floyd

(2012)在 Gleasaon 和 Acharya 基础上对行业同行企业会计重述和自愿披露进行了分析,发现同行企业会计重述坏消息时,其他公司也会在十个交易日内披露坏消息且坏消息披露量会增加,但是同行企业会计重述好消息时,其他公司并不会做出好消息的披露。金智等(2011)以信息披露违规公司的公告为切入点,从信息披露监管的外部性,分析同行之间的信息传递与会计信息质量的相关性,发现它们之间的显著相关。也有学者发现审计师与会计重述之间的关系(徐艳萍和王琨,2015)、个体审计师之间存在传染效应(Li 等,2017;冉明东等,2016)和低质量的审计存在传染效应(Francis 和 Michas,2013;刘明辉和乔贵涛,2014)。

第三,在财务行为的同行传染效应方面,Bouwman(2011)认为拥有共同董事的公司之间存在治理实践的传递。Bereskin 和 Cicero(2013)发现 CEO 薪酬水平会影响其他公司的 CEO 薪酬水平。因此某公司增加 CEO 薪酬水平,行业中其他公司的 CEO 薪酬水平也会得到提升。赵颖(2016)也提出中国上市公司高管薪酬存在同行效应,而且在外聘 CEO 的情况下,存在更强同行效应。Leary 和 Roberts(2014)提出同行公司在公司资本结构和金融政策等方面发挥重要作用。陆蓉等(2017)利用中国上市公司数据也发现,同行公司的负债水平的调整会对行业中其他公司的资本结构产生同群效应。傅超等(2015)以行业层面对并购商誉的产生机理进行分析,通过分析得到同伴效应影响企业并购商誉且并购商誉同伴效应在不同的外界环境下表现强度不同。Yadav 和 Shanker(2015)发现同行公司董事会结构之间存在强烈的同行效应。

(2)溢出效应相关研究

此部分从两个角度来阐述溢出效应的相关文献。第一,在影响公司投融资行为方面,Durnev 和 Mangen(2009)通过研究,发现会计重述会影响竞争对手改变对项目价值的看法,从而影响竞争对手的投资行为。Beatty 等(2013)认为会计舞弊会影响同行公司的投资行为。Chen 等(2013)发现在国际财务报告准则采用之后,公司的 ROA 差异与外国同行(而不是国内同行)对公司投资效率的溢出效应增加,且外国和国内同行增加披露对公司的投资效率均存在溢出效应。Foucault 和 Frésard(2014)提出可以从同行公司的股价发现投资的机会。Bonin 和 Boraschi(2010)以参加 SCAS 的公司为研究对象,认为公司丑闻揭示的信息会影响行业同行的证券发行和股票价格。Ma（2013）考察了企业的股权成本与同行业公司盈利质量的关系，提出本公司的股权成本和同业的盈利质量之间负相关。Rezaee 等（2011）提出同行公司盈余可预测性对 IPO 抑价有影响，而且金融危机减轻了同业公司收益可预测性对 IPO 抑价的积极影响。Bratten 等（2016）考察一个企业的绩效报告是否会影响到另一个企业的自由裁量报告的行为且领导者的收益会影响到投资者或者其他表现对公司的期待。

第二，在公司信息披露影响方面，Sletten 等（2012）发现同行财务重述导致本公司股价的下跌会促使公司管理层披露好消息来弥补同行财务重述引致的本公司股价的下降。Bratten 等（2016）提出当行业领导者的盈利公告显示坏消息（即错过分析师预测）时，跟随者的操控性应计更低、降低盈余的特殊项目更少、更不可能达到分析师预测。

2.2.3 产品市场竞争相关文献

大量的理论和实证研究表明，产品市场竞争影响着企业的披露行为、盈余管理和代理成本。但是因为三者之间存在一定的联动性，所以实证研究并未得到一致的结果。此部分主要从公司信息披露、盈余管理和代理成本三个角度来回顾产品市场竞争相关研究。

（1）产品市场竞争与公司信息披露

此部分主要从两个方面来阐述产品市场竞争对公司信息披露的影响。一方面，有研究提出产品市场竞争提高了公司治理环境，从而促进了公司信息披露。Darrough 和 Stoughton（1990）认为，在高竞争行业中，公司会通过披露更多的信息来阻止新公司的进入。Harris（1998）研究了行业竞争水平对经营者业务披露的影响，发现公司对于处于竞争较低的行业的分部的信息披露得较少。Brit（2006）在 Harris 的基础上，通过对澳大利亚上市公司分部自愿披露的研究，提出处于较高竞争行业的分部会更多地进行自愿信息披露。王雄元和刘焱（2008）以中国数据为研究对象，通过分析发现行业竞争程度越高，信息披露质量越高，其中处于行业劣势的公司更有动机去披露更多信息。

另一方面，有研究认为专有成本会随着产品市场竞争增强而增大，因此可能会抑制公司信息披露程度。Wagenhofer（1990）建立一个公司、竞争对手和金融市场的博弈模型,发现高产品市场竞争会破坏三者之间均衡,提高公司的专有成本,从而促使公司减少信息披露达到新的披露均衡。Shin(2002)研究了不同类型的产品市场竞争对财务专有信息自愿披露水平的影响,发现能力竞争驱使公司披露更多信息,而价格竞争会使公司更少地披露信息。Board(2009)发现,在竞争激烈环境下,高质量公司更可能会披露较少信息,以避免向当前和潜在的竞争对手泄露专有信息。Haw(2015)认为在新兴国家中,产品市场竞争越激烈情况下,拥有主导市场地位的公司为了保护他们的不正常的租金和保持市场的力量,可能会限制专有信息,从而减少披露。

(2)产品市场竞争与盈余管理

此部分主要阐述产品市场竞争对公司盈余管理的影响。

首先,有学者提出产品市场竞争会促使盈余管理行为的发生。Fan 和 Wang(2002)以亚洲公司为研究对象,发现在高竞争市场上,公司能够通过盈余管理降低披露信息中的信息含量,从而以达到减少公司的专有成本的作用。Sheifer(2004)提出公司发生盈余管理有助于保持高股票估值和降低资本成本,从而使得公司在行业竞争激烈环境下也能够进行股票收购,吸引更好投资者持有股票,甚至发行新股。Hou(2006)提出在高竞争行业中,企业现金流风险增强,公司有更强的动机去通过盈余管理提高公司利润。陈骏和徐玉德(2011)使用中国上市公司数据检验了产品市场竞争对盈余管理的影响,发现产品市场竞争与应计项目盈余管理成正比例关系,张欢(2012)分析了金融危机前后的行业内竞争力对盈余管理的影响,研究结果发现,金融危机发生后,高竞争行业的公司更容易发生盈余管理行为,而且应计项目盈余管理和真实活动中盈余管理都会上升。周夏飞(2014)以中国 A 股上市公司为研究对象,也验证了陈骏、徐玉德和张欢的观点。Datta 等(2013)考察了产品市场竞争与分析师盈余预测之间的关系,发现行业竞争越激烈,公司会面临更强的成本冲击和更低的信息效率,这会使得公司有更大的动机去进行盈余管理,从而导致分析师盈余预测越不准确。Markarian 和 Santalo(2014)发现,市场竞争增加了公司操纵盈余的动机,尤其是行业中表现不佳的公司。

其次,也有学者提出相反的观点,认为产品市场竞争对企业管理者有一定的约束监督作用,因此可以减少公司盈余管理行为。Marciukaityte 和

Park（2009）发现，在竞争性较强的市场中，产品市场竞争可以减少误导性的盈余管理和提高盈余信息。Balakrishnan（2011）考察竞争对财务会计错误报告的影响，认为产品竞争市场对公司具有惩罚效应，这种惩罚效应会减少管理层干预和操纵会计报告信息的行为。Cheng等（2013）研究了产品市场竞争对盈余质量的影响，发现产品市场竞争与盈余质量之间存在正相关关系。Dhaliwal等（2014）提出，对于行业追随者来说，产品市场竞争改善了公司监督环境，制约了公司的盈余管理行为。

(3) 产品市场竞争与代理成本

此部分主要阐述产品市场竞争对代理成本的影响。一部分学者提出产品市场竞争是一种高效的外部公司治理机制，能有效地减少公司代理成本。Hart（1983）提出额外的市场参与者可以使企业充分地了解企业情况，从而更有效地评估代理人行为，因此竞争加剧能够为公司提供更强隐形管理激励。Holmstom（1982）认为产品市场竞争增强促进信息不对称程度减少，致使高管薪酬与企业业绩紧密相连，从而减少了企业的代理成本。Schmidt（1997）提出当竞争加剧，会降低公司利润且增加所有者出售企业的清算风险，这会促使管理行为更加严谨而且会降低企业经营成本。Nickell等（1997）以英国公司为研究对象，发现产品市场竞争可以替代公司内控机制提高企业生产力绩效。Defond和Park（1999）提出在产品竞争激烈的行业，CEO的更替频率高于竞争力较弱的行业，原因是竞争能够提升相对绩效评估（RPE）的实用性，从而提高了董事会识别不合格CEO的能力。蒋荣和陈丽荣（2007）在Defond和Park的基础上，考察了产品市场竞争对CEO变更的影响，发现高市场竞争增强了价格筛选功能，业绩较差的高管更容易被发现。Karuna（2007）认为，产品市场竞争是对管理激励的一种补充，行业市场竞争越强烈，公司也会提升激励机制，从而减少高管偷懒行为。姜付秀（2009）以中国上市公司为研究对象，发现产品市场竞争压力能减弱大股东侵占小股东权益的动机，强化董事会对高管的监督作用，并且在一定程度弥补了高管激励不足的问题。Leventis等（2011）利用审计费用衡量代理成本，发现产品市场竞争的加剧可以减少审计费用和审计工作量。

另一部分学者认为产品市场竞争越激烈，有可能会加剧代理成本问题。Scharfstein（1984）对Hart（1983）的结果持怀疑态度，认为在不同的管理者风险预期程度下,竞争可能会加剧高管激励的问题。腾飞等(2016)认为根据公司舞弊三角理论,在市场监督约束较小的情况,产品市场竞争压力越大,会诱发公司违规行为。

还有部分学者认为产品市场竞争与代理成本的关系并不明确(Jensen和Mecking,1976;Hermalin,1992)。

2.2.4 供应商客户关系相关文献

供应商客户关系是公司竞争战略中一个重要的影响机制,也是公司经营业绩和公司风险的主要影响因素。因此,供应商客户关系得到学术界和实务界的重视。已有文献的研究结果表明,供应商和客户关系对公司经济行为具有重要影响。此部分从三部分阐述供应商客户关系的相关文献。

(1)供应商客户关系与经营策略

此部分主要阐述供应商客户关系对企业经营策略的影响。波特(1979)在五力模型(Fiver Forces Model)中提出供应商、客户的讨价还价能力是决定公司盈利能力的关键因素之一。相对购买需求、客户购买增长潜力、客户的讨价还价能力、服务成本都是影响公司选择客户的原因。合理地选择客户关系,可以改善公司的行业竞争地位以及提高公司应对供应商和客户压力的能力。Monahan(1984)从供应商的角度提出数量折扣模型。Lee和Rosenalatt(1986)将Monahan的数量折扣模型推广到供应商客户的议价能力上,提出供应商最优数量折扣模型,发现供应商提供的折扣诱使客户订购数量的增加值等于供应商库存持有的成本。Dowlatshahi(1999)认为议价能力或者供应商客户之间的权利不平衡是影响采购策略和结果的关键因素。Feldmann和Muller(2003)认为供应链伙伴行为并非无私行为,如果向供应链伙伴透露更多的真实私有信息,这会使公司处于谈判弱势地位。Iyery(2003)发现,客户的议价能力与渠道的协调程度成正比例关系。

(2)供应商客户关系与企业风险

此部分主要阐述供应商客户关系对企业风险的影响。Titman和Wessels(1988)提出公司客户和供应商在公司发生清算时需承担较高的成本。Becchetti和Sierra(2003)表明,客户群集中度与供应商公司的破产风险正相关。Albuquerque等(2011)提出客户集中度与未来股票收益波动率呈正相关。Itzkowitz（2013）基于供应商的角度发现，一个客户购买量占供应商总销售比例较大，那么该客户的损失将导致巨大的负面现金冲击，从而导致财务困境。Dhaliwal 等（2016）认为客户关系破裂或需求波动会对企业绩效产生重大的不利影响，因此客户集中度增加了企业的经营风险。王勇和刘志远（2016）基于供应商关系和企业现金持有之间的关系，提出如果企业投入较多的关系专有成本，那么供应商关系的终止有可能导致加重企业的融资风险。王雄元等（2014）以中国数据为研究对象，发现客户集中度可以增强企业风险和供应链整合效应，而供应链整合效应所带来的好效应大于企业风险的坏效应。

（3）供应商客户关系与公司业绩

此部分主要阐述供应商客户关系对公司业绩的影响。无论是理论上，还是经验上，供应商客户集中度与公司绩效之间的关系都是模棱两可的。一方面，拥有高客户集中度的公司可以降低营销和交易成本，从而提高公司业绩。Patatoukas（2012）表明，客户群集中度与会计绩效和资产利用率呈正相关。Cornell 和 Shapiro（1987）提出作为供应商客户的利益相关者，大客户有动机和权力来监督供应商公司，减少公司的代理成本。Albuquerque 等（2011）认为股东可以从大客户的监控活动中受益，而且这种监控活动能够降低客户集中度更高的公司的总体监控成本，从而使得激励报酬相对较少。Hui 等（2012）认为客户议价能力越高，客户越有能力要求供应商提供更加稳健的会计信息，从而增强了供应商公司的会计稳健性。王雄元和刘芳（2014）也利用中国数据验证 Hui 的观点。Huang 等（2015）考察了公司的客户集中度对贷款合同条款的影响，提出牢靠的客户关系（定义为公司与客户之间存在紧密的债务关系）可以增加企业业绩，从而减少了客户集中度对贷款合同条款造成的影响。另一方面，大客户有更多的议价能力，并在与供应商公司的交易中要求更有利的条款，这可能会降低供应商公司的盈利能力。Kim（1996）发现客户集中度减少了大规模公司的利润率，而对中小企业的影响并不明显。Dhaliwal 等（2016）研究结果显示供应商的客户群的构成和集中度显著影响着其融资，其中客户集中度与供应商的权益成本之间存在正相关。马黎珺等（2016）发现供应商客户集中度越高，供应商和客户议价能力越强，企业的商业融资规模越小和期限越短，而且这种关系会随着企业获得银行信贷的难易程度而改变。还有部分学者提出供应商客户关系与企业业绩之间的关系并不是线性关系。其中 Irvine 和 Park（2016）表明，客户的集中度和盈利能力之间的关系是生命周期的一个函数，即在客户供应商关系的早期阶段，它们是负相关关系，但随着关系的成熟，它们的关系会转变成正相关关系。唐跃军（2009）认为供应商和客户议价能力会对企业业绩产生影响，其中供应商集中度与公司业绩之间存在倒"U"形关系，客户集中度与公司业绩之间存在正"U"形关系。

还有部分学者发现供应商客户关系会影响公司审计相关行为（Chen 和 Jeter，2008；Darnall 等，2009；张敏等，2012；林钟高等，2014；王少飞等，2010）。

2.2.5 并购重组相关文献综述

此部分从并购商誉、并购绩效以及并购是否能产生价值三个角度阐述并购重组的研究成果。

（1）并购绩效的相关文献

此部分从并购绩效方面阐述相关文献，首先，在支付方式方面，有学者提出支付方式对并购绩效有影响（Dube 和 Glascock，2006；葛结根，2015）。Wansley 等（1983）考察了并购类型和支付方式对并购绩效的共同影响，发现当企业集团内部合并且股票支付时，会给并购公司的股东带来更多的溢价。Dube 和 Glascock（2006）提出在并购支付时使用现金支付，会增加股票风险，但是没有证据显示收购后，股东可以获得更多的异常回报。Bruslerie（2012）提出使用现金股票混合支付方式可以使得并购方避免信息风险。李井林（2014）以我国上市公司 2009—2011 年数据为研究对象，检验了融资约束对并购方公司的支付方式的影响，得到结论：存在融资约束的并购方公司会选择股票支付，而且股票支付要比现金支付带来更多累积超额收益。葛结根（2015）提出相比于资产支付方式，现金支付和现金资产组合支付的并购绩效更加稳定，除了支付方式以外，关联交易也是影响并购绩效的因素之一。

其次，在目标企业选择方面，Jensen 和 Ruback（1983）发现企业特征会影响目标企业的选择，从而影响到股票收益。李善民和周小春（2007）提出为了提高并购绩效，专业化经营的公司会选择相关并购，而多元化经营的公司会选择多元化并购。陈仕华等（2013）发现无论并购双方是否存在董事联结关系时，并购方获得的短期并购绩效并无差异，但是存在董事联结关系时，并购方可以获得较好的长期绩效。地理距离也是目标企业选择的影响因素，地理距离可用来衡量信息不对称对绩效的影响（Portes 和 Rey，1999；Giovanni，2005）。

最后，在政治关联方面，张雯等（2013）发现政治关联与并购企业绩效成反比例关系，原因是国有股权对企业行为的影响，会导致并购企业的绩效下降。吴超鹏等（2012）研究 CEO 与政府的政治关联程度对并购绩效的影响，发现政治关联度越高的 CEO，所实施的并购绩效越低。但是也有学者提出相反的观点，潘红波等（2008）将并购公司分为有盈利样本，非盈利样本，发现盈利样本的并购绩效与政治关联度成正比。王凤荣（2012）针对成熟期的企业和非成熟期的企业，发现越多的政府干预对成熟企业的并购绩效有促进作用。

（2）并购重组价值的相关文献

此部分从并购重组是否产生价值方面阐述相关文献。首先，在自由现金流量方面，自由现金流量理论预测并购重组可能会毁坏价值而不是创造价值（Jensen，1986；Harford，1999）。Jensen（1986）提出现金流量的代理成本是影响价值的因素，利益相关者的冲突是造成价值下降的原因。Harford（1999）发现了现金流充足的公司更有可能去发生并购，但是股票收益结果显示并购后公司价值会降低。Schwetzler 和 Reimund（2004）使用德国的数据也验证了 Harford 的结论。但是也有部分学者不赞成自由现金流理论（Gregory，2005；Myers 和 Majluf，1984）。他们提出若提前投资 NPV 项目可以提高现金流以避免低效投资（Myers 和 Majluf，1984）。Pual（1983）提出合并收购是可以增加股票收益，并且会给股东带来异常收益。

其次，在协同效应方面，Wansley 等（1983）提出并购重组后的溢价需要依靠协同效应的大小。Bradley 等（1988）发现曾经发生过成功并购的主并公司的并购能带来更多的溢出效应，造成这一现象的原因是成功并购者会影响协同效应。Slusky 和 Caves（1991）提出财务协同效应促进并购价值。Berkovitch 和 Narayanan（1993）提出协同效应是并购的主要动机，并且对总收益有积极的作用。唐建新和贺虹（2005）提出从短期来看,企业并购可以产生积极效应。吕长江和韩慧博(2014)认为在并购交易中加入业绩承诺,可以提升并购后的协同效应,有利于价值的提升。

(3) 并购商誉的相关文献

此部分从并购商誉方面阐述并购重组的研究成果。首先,在商誉与企业价值关系方面,有学者提出商誉与企业存在正比例关系(Chauvin 和 Hirschey, 1994; Jennings 等, 1996; Henning 等, 2000)。Chauvin 和 Hirschey (1994) 研究非制造企业的商誉与企业价值之间的关系,发现它们之间存在积极的效应。Jennings 等(1996)提出商誉与股权价值成正比关系,而商誉的一次性摊销对企业价值有消极的作用。Henning 等(2000)提出商誉与企业市场价值成正比例关系。Godfrey 和 Koh (2001) 提出商誉资本化对公司价值有很大的影响。Li 等(2011)提出商誉减值是企业未来盈利能力的先行指标。

其次,在商誉确认及其后续计量方面,Dunne 和 Ndubizu (1995) 提出相对一次性商誉分摊来说,分年分摊更能够给并购后的企业带来价值。Chen 等(2008)发现商誉减值的损失对股票收益的影响存在滞后性。Ramanna 和 Watts (2012) 提出商誉的公允价值是依赖于管理者未来的行为(包括管理者的构想以及公司的经营策略)。Olante (2013) 提出大部分的商誉减值亏损多源于超额偿付,而不是由于商誉价值的下降,并且盈利减值准备可以帮助公司降低风险。郑海英等(2014)提出支付较高的商誉成本会提高公司的短期业绩,但是会降低公司的长期业绩。冯卫东和郑海英(2013)认为并购商誉应该是并购时点外购的商誉与并购后协同效应产生的商誉加总,因此后续商誉计量中不应该只考虑"存量商誉",应该反映"增量商誉"。

最后,在商誉资产价值方面,谢纪刚和张秋生(2013)提出股份支付的交易机制会导致标的定价虚高,从而会导致商誉的资产价值高估,影响并购商誉的会计信息质量。傅超等(2016)以中国上市公司为研究对象,发现中国创业板上市公司的并购商誉不能够带来超额收益,所以并购方应该更加注重并购商誉的资产价值的真实性。

除此之外,中国学者程凤朝等(2013)研究了并购重组的标的资产价值评估与交易定价之间的关系。

2.3 本章小结

首先，本章阐述了本书的理论基础，包括审计师选择理论和同行效应理论。其中审计师选择理论包括代理理论、信号理论和保险理论，从这三个角度出发可以较为全面地厘清中介机构选择相关问题，为本书的后续研究奠定的基础。

其次，本章回顾了与本书研究密切相关的文献，主要包括审计师选择、同行效应、产品市场竞争、供应商客户关系和并购重组方面的学术文献。第一，在审计师选择方面，由于本书考察的是资产评估机构选择，而资产评估机构选择与审计师选择存在一定的同质性。所以我们从代理成本、信号理论和保险价值两个方面回顾了审计师选择的文献，从已有研究可以看出，目前还没有文献探讨过资产评估机构选择的问题，因此本书的研究不仅能推进中介机构选择在资产评估方面的研究，还能有益于提升资本市场参与者对资产评估和资产评估机构的认知。第二，由于本书选择从同行效应的角度探究资产评估机构选择的问题。因此，我们从传染效应和溢出效应两个方面回顾了同行效应的文献，其中，我们发现有少量的学者发现审计师之间存在学习交流行为，且审计师财务重述之间存在传染效应。这为我们研究提供一定的理论基础。第三，本书选择从产品市场竞争的角度探究资产评估机构选择的问题。故我们从信息披露程度、盈余管理和代理成本三个方面回顾了产品市场竞争的问题。从国内外文献可以看出，产品市场竞争对信息披露程度、盈余管理和代理成本存在影响，但是结论不一致。因此，本书考虑产品市场竞争有可能会通过信息披露程度、盈余管理和代理成本间接地对资产评估机构选择产生影响。第四，本书选择从供应商客户关系的角度研究资产评估机构选择的问题。因此本书从经营策略、企业风险和企业业绩三个角度阐述了供应商客户关系的相关文献。虽然有文献探讨了审计师选择与供应商客户关系之间的关系，但是却未有学者从资产评估机构角度分析供应商客户关系。因此本书的研究将推进供应商客户关系在资产评估方面的研究。第五，由于本书以并购重组为研究对象，因此本书从并购重组是否能产生价值、并购绩效和并购商誉三个角度分析并购重组相关文献。我们发现，仅有程凤朝等（2013）提出资产评估结果对并购定价有影响。虽然仅有较少的文献论述并购重组与资产评估之间的关系，但不可否认资产评估在并购重组中的地位。因此，本书选择从并购重组角度展开研究，有益于拓展并购重组的相关研究领域，并且对降低并购重组中的系统性风险和非系统性风险有帮助。综上所述，本书的研究能够丰富中介机构选择、并购重组、同行效应、产品市场竞争和供应商客户关系等领域的相关研究。

制度背景

本章的基本逻辑就是要为下文考察的问题提供铺垫，本书实证检验了同行公司选择、产品市场竞争和供应商客户关系与本公司资产评估机构选择的相关性，即同行公司选择、产品市场竞争加剧和供应商客户紧密关系是否会对本公司资产评估机构选择产生影响。故本章主要从资产评估行业发展历程和现状、中国并购重组市场发展现状和中国行业发展现状三方面进行阐述。

3.1 我国资产评估行业发展历程和现状

3.1.1 我国资产评估行业发展历程

我国资产评估机构的出现源于我国社会主义市场经济的发展，尤其是国有企业改制导致国家迫切需要资产评估机构对国有资产转让、产权转让和非货币资产投资等经济行为提供评估、咨询等服务。由此，财政部、建设部、专利局、国土资源部等政府部门都相继成立了专门的资产评估部门，并参与到资产评估部门的管理中。我国资产评估行业的发展主要分为萌芽期、成长期和成熟期三个阶段。

（1）萌芽期

1989年，原国家国有资产管理局成立了资产评估中心。资产评估中心的职能是对资产评估行业监督与管理。1993年，我国成立了中国资产评估协会。中国资产评估协会的成立标志我国资产评估行业的监管体制由政府监管向行业自律的转变。1995年中国资产评估协会正式加入国际评估准则委员会。这举动提升了我国资产评估行业的国际地位。至此中国资产评估行业得到迅速的发展。从资产评估行业的早期发展历程来看，我国早期的资产评估机构主要是由国家部委出资成立，而且在一定程度上作为政府部门职能的延伸。不仅资产评估机构是事业单位，而且资产评估机构的负责人和监管人也是具有相应政治职位。这一阶段的资产评估行业监管体系的特点是：法律法规体系不完善；资产评估准则尚未出台；没有特定部门对资产评估机构实施监管；监督执法环境混乱。

（2）成长期

1999年3月，财政部发布了《关于资产评估机构脱钩改制的通知》（财评字（1999）199号）（以下简称《通知》），《通知》要求资产评估机构在1999年12月31号以前完成脱钩改制。该《通知》的出台标志我国资产评估行业进入了快速成长期。2001年底，全国的资产评估机构基本上完成脱钩改制。2004年2月，《资产评估准则——基本准则》和《资产评估职业道德准则——基本准则》的出台标志着中国资产评估机构的监管体系初步形成。2005年、2009年和2011年，财政部分别出台了《资产评估机构审批管理》《资产评估收费管理办法》和《资产评估机构审批和监管管理办法》。《资产评估机构审批管理办法》《资产评估机构审批和监管管理办法》和《资产评估准则》等相关制度政策的出台奠定财政部在资产评估机构的监督管理中的地位。2014年，国务院取消多项职业资格许可，其中包括注册资产评估师。该项决定有利于降低资产评估行业的准入门槛，有利于资产评估行业的未来发展。这一阶段的资产评估行业监管体系的特点是：行业准则和规范依旧不完善，"九龙治水"现象比较突出，资产评估机构内控机制不完善。

（3）成熟期

2016年7月全国人民代表大会颁布了《中华人民共和国资产评估法》

(以下简称《资产评估法》)。《资产评估法》的出台不仅标志着我国资产评估行业的发展进入成熟期,也填补了资产评估行业无"基本法"的空白。尤其是,该法明确了资产评估当事人的权利、义务以及法律责任,规范资产评估机构的执业行为,健全了资产评估行业的监督管理体系。2017年6月财政部发布了《资产评估行业财政监督管理办法》(以下简称《办法》),其中《办法》中的第四条提出财政部门对资产评估行业的监督管理,并制定有关监管管理办法和资产评估基本准则,指导和督促地方财政部门实施监督管理。因此,《办法》不仅是资产评估法的一种补充,而且奠定了财政部门在资产评估行业监管中领头作用,有效地缓解了我国资产评估行业的"九龙治水"的现象。该阶段的资产评估行业监管体系的特点是:我国资产评估行业监管管理体系基本建立,法律法规体系较为完善,资产评估准则体系较为完善,但是有效的市场约束机制还未建立。

3.1.2 我国资产评估行业发展现状

本小节主要是对我国资产评估行业的发展现状的考察。结合上小节关于资产评估发展历程以及我国的政策背景,我国资产评估行业发展现状主要表现在如下几个方面:

第一,资产评估行业竞争较为激烈。历经30年的发展,资产评估行业得到迅速发展。截至2016年底,全国资产评估机构达到3304家,资产评估师有34000多人,资产评估行业从业人员10万多人。资产评估行业收入也由2010年的50多亿元增加到2016年120亿元。由资产评估机构数量和行业收入的增长速度来看,相对于其他中介行业,资产评估行业竞争比较激烈,而且资产评估机构间的业务差距不大,也是影响资产评估机构竞争程度的因素之一。

第二,资产评估行业中恶性竞争现象严重。不同于第一产业和第二产业的行业,中介行业的收入来源于资本市场的再分配。这意味着资产评估机构的收入取决于资产评估机构的业务量的多少。由于规模较小的资产评估机构拥有较少的知识储备量和市场占有率,因此规模较小的机构会采用低价格竞争策略。而对于大规模的资产评估机构来说,出于进一步扩大自身的市场占有率和保卫自身的市场的考虑,也会选择低价格竞争策略。这种低价格竞争策略通常会造成资产评估机构出具的资产评估报告和资产评估结果的质量下降,从而导致资产评估行业公信力下降。

第三,资产评估行业竞争格局日益凸显集中趋势。2011年开始中国资产评估协会开始向外界公布资产评估机构综合评价前百家机构名单。本书对2011—2016年的资产评估机构收入前百家机构进行了梳理。由表3-1可见,从6年来收入得分前10名的机构来看,北京中企华资产评估有限公司、中联资产评估有限公司、北京天健兴业资产评估有限公司一直保持前3名不变,其他6家公司基本都保持前10名,但是排名都在变化,竞争极其激烈。由图3-1可见,6年来,前三名机构的收入占百强机构总收入比例分别是23.23%、29.47%、27.53%、25.79%、27.53%、24.19%。前四名机构的收入占百强机构总收入比例分别是26.51%、32.76%、31.27%、30.53%、31.27%、29.32%。前十名机构的收入占百强机构总收入比例分别是40.04%、46.01%、45.53%、46.96%、45.53%、46.94%。通过这三组数据可以发现,前十名的资产评估机构的收入占前百强资产评估机构总收入比例较高。换句话说,前十名的资产评估机构的市场占有率较高,资产评估行业集中度较高。这种趋势有助于资产评估报告质量提升,但是对规模较小和市场占有率小的资产评估机构生存会造成一定威胁。

表3-1　　　　　2011—2016年前十名资产评估机构排名

排名\年份	2011	2012	2013	2014	2015	2016
1	北京中企华资产评估有限责任公司	中联资产评估集团有限公司	中联资产评估集团有限公司	中联资产评估集团有限公司	中联资产评估集团有限公司	中联资产评估集团有限公司
2	中联资产评估有限公司	北京中企华资产评估有限责任公司	北京中企华资产评估有限责任公司	北京中企华资产评估有限责任公司	北京中企华资产评估有限责任公司	北京中企华资产评估有限责任公司
3	北京天健兴业资产评估有限公司	北京天健兴业资产评估有限公司	北京天健兴业资产评估有限公司	北京天健兴业资产评估有限公司	北京天健兴业资产评估有限公司	北京天健兴业资产评估有限公司

续表

排名\年份	2011	2012	2013	2014	2015	2016
4	上海东洲资产评估有限公司	中和资产评估有限公司	银信资产评估有限公司	中和资产评估有限公司	银信资产评估有限公司	银信资产评估有限公司
5	中和资产评估有限公司	上海银信资产评估有限公司	中和资产评估有限公司	银信资产评估有限公司	中和资产评估有限公司	中和资产评估有限公司
6	北京中同华资产评估有限公司	上海东洲资产评估有限公司	上海东洲资产评估有限公司	上海东洲资产评估有限公司	上海东洲资产评估有限公司	北京北方亚事资产评估事务所（特殊普通合伙）
7	上海银信资产评估有限公司	坤元资产评估有限公司	北京中同华资产评估有限公司	北京中同华资产评估有限公司	北京北方亚事资产评估责任公司	上海东洲资产评估有限公司
8	坤元资产评估有限公司	北京中同华资产评估有限公司	坤元资产评估有限公司	上海立信资产评估有限公司	北京中同华资产评估有限公司	上海立信资产评估有限公司
9	北京中天华资产评估有限责任公司	中通诚资产评估有限公司	中通诚资产评估有限公司	中通诚资产评估有限公司	上海立信资产评估有限公司	北京中同华资产评估有限公司
10	上海立信资产评估有限责任公司	上海立信资产评估有限公司	上海立信资产评估有限公司	坤元资产评估有限公司	坤元资产评估有限公司	北京国融兴华资产评估有限责任公司

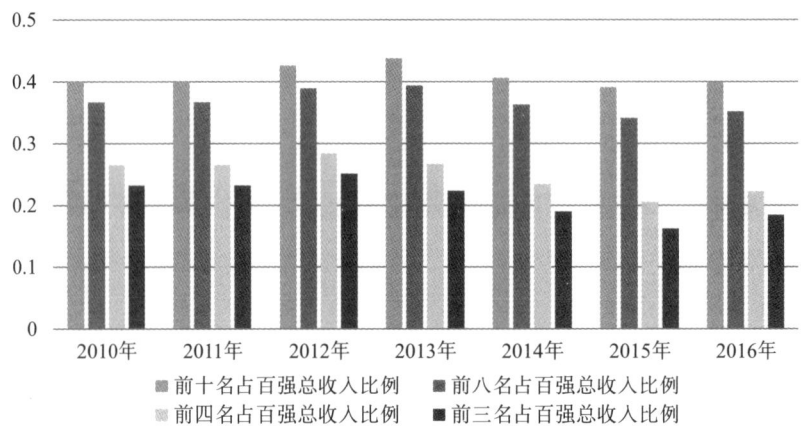

图 3-1 前几名资产评估机构收入占百强资产评估机构总收入比例

资料来源：中国资产评估协会网站。

3.2 中国并购重组市场现状

3.2.1 中国并购重组市场现状

我国并购重组起源于国企改革。尤其是在 1992 年邓小平南方谈话后，产权改革成为我国国企改革的重要组成部分。随着上海交易所、深圳交易所得设立，企业并购重组交易得之迅速地发展。1993 年 9 月，深圳宝安集团收购案例拉开我国证券市场并购的序幕。但是伴随着上市公司并购重组交易案例越来越多，规模和形式越来越丰富，大量的问题也凸显出来，如并购重组标的财务信息造假、操纵并购重组定价、关联交易、信息披露不透明等。这些问题不仅会对投资者和小股东造成利益的侵犯，还有可能导致国有资产的流失。为此，我国政府加强了对并购重组相关法律法规的完善，出台了《上市公司并购重组财务顾问业务管理办法》（证监会令第 54 号）、《非上市公众公司重大资产重组管理办法》（证监会令第 103 号）、《上市公司重大资产重组管理办法》（证监会令第 127 号）、《中国证券监督管理委员会关于规范上市公司重大资产重组若干问题的规定

(2016修订)》等法律法规对并购重组交易过程、并购重组信息披露和并购重组行为进行规范。目前我国企业并购重组主要呈现以下几个特点：

第一，并购重组主体多元化，交易方式多元化。由于我国社会主义市场化经济的发展，更多外资企业、民营企业和海外企业加入并购重组市场中。并购重组交易不再拘泥于同行业的横向并购和供应链关系的上下游企业的纵向并购，混合并购案例越来越多。在并购重组交易中，交易主体的多元化促使交易方式也呈现多元化现象。在2007年以前，我国并购重组交易方式主要就是现金支付和资产置换，而现今的交易方式主要以股权支付为主，现金支付、混合支付和资产置换为辅。相对于其他支付方式，股权支付方式不会占用并购方公司运营资金，可以缓解现金支付对公司造成流动性风险，改善公司经营状况。

第二，并购重组动因以战略性驱动为主。在并购动因理论中Weston等（1998）将并购分为三类，包括战略性驱动并购、管理层驱动并购和交易市场无效驱动并购。在中国资本市场尚未完善之前，我国并购重组交易主要是管理层驱动并购和交易市场无效驱动并购。换句话说，很多公司发生并购重组仅是跟随市场和行业的潮流的一种盲目行为，而并非是出于为公司战略发展考虑的并购。事实上，对于并购重组来讲，它的本质是基于公司战略发展和业务拓展而发生的行为。但是随着资本市场的完善和并购重组法律法规的健全，虚假信息披露和内幕交易行为减少，投资者权益受到保护，公司追逐潮流的并购重组行为减少。特别是，《商业银行并购贷款风险管理指引》的出台更是表现了中国政府对战略性驱动并购重组行为的支持。

第三，资产评估机构对并购重组交易起到重要作用。首先，在法律方面。《国有资产评估管理若干问题的规定》（财政部第14号令）中第三条提到整体或部分改建为有限责任公司、合并、分立、除上市公司以外的整体或部分产权（股权）转让、资产转让、置换等行为，应当对相关国有资产进行评估。《国有资产评估管理办法》（国务院令第91号）中第三条提到资产转让、企业兼并、出售、联营、与外国公司、企业和其他经济组织或者个人开办中外合资经营企业或者中外合作经营企业等行为，应当对相关国有资产进行评估。这两个法规均说明资产评估是国有企业并购重组中不可或缺的步骤。2016年12月《中华人民共和国资产评估法》的出台更是奠定了资产评估在上市公司并购重组中的重要地位。其次，在保障交易成功方面。2000 年以后，我国并购重组行为无不涉及资产定价，但是由于存在信息不对称性，并购方对被并购方价值了解并不深入。而资产评估机构作为一个独立的第三方，其出具的资产评估报告具有客观性和专业性，因此资产评估结果有利于并购方增加对被并购方的了解程度，有助于提升并购方在博弈中地位，保障交易顺利地进行。最后，在社会监督方面。一是资产评估机构在企业估值方面具有专业性，因此资产评估机构在评估过程中能够迅速且准确发现被评估公司的风险点。从而，监管机构和并购重组关联方可以通过资产评估结果判断并购重组交易中是否存在违规行为，继而提高了并购重组交易中的监管力度。二是监管机构也能通过对资产评估机构和资产评估报告的监管而间接地提升对并购重组交易的监管力度。综上所述，资产评估在并购重组中起到举足轻重的作用，而且随着市场机制健全，这种作用会越来越强烈。

3.2.2 中国并购重组风险及其形成原因

伴随着中国市场化经济的发展、供给侧改革的出台、"一带一路"建设的推进，我国行业竞争的愈演愈烈。为了增强自身抵抗行业中其他公司的竞争压力，越来越多的企业选择通过并购重组的这种方式提高企业的抗风险能力。从 wind 数据库并购数据看，2016 年发生了 3021 笔并购重组交易，同比上年上涨了 4%，交易金额为 1.69 万元，同比上年上涨了 6.2%。虽然大部分并购重组交易增强了企业盈利能力，减少了企业的竞争风险。但是也出现了较多的并购重组失败案例，例如，攀枝花钢铁收购渡口钢铁厂案例。这些失败案例提醒上市公司应当理性面对并购重组，有效地识别并购重组中的风险。

企业并购重组的风险主要源于并购重组中的不确定性。而且这些不确定性有可能存在于发生并购重组交易前、并购重组交易过程中、并购重组交易完成资产整合过程中。因此，本小节主要从政策风险、战略风险、信息不对称风险、资金风险、整合风险五个角度论述了并购重组风险的形成。

（1）政策风险

在我国发展的不同阶段，政府会考察中国国情出台不同的经济政策制度以应对社会新局势的出现。国家出台的经济政策会对资本市场上的参与者都会产生影响。企业不能忽略国家政策对并购重组的影响。例如，目前我国正在大力推进供给侧结构性改革。政府提倡大力发展高附加值、低污染、低排放的产业，淘汰低产能和"三高"产业。那么并购方企业应利用国家政策的向导作用，及时地规避低产能和"三高"产业的企业，参与到国家大力支持高附加值、低污染、低排放的产业中。因此，并购方在选择目标企业时，应积极地了解产业政策，以政府的政策为导向，选择政府鼓励发展的行业中企业进行并购以减少政策对并购重组行为造成的影响。

（2）战略风险

目前中国并购重组交易市场中存在一种现象：大部分公司发生并购重组的动机是追逐并购潮流，而并非出于战略目的而发生并购重组。这种现象通常都会增大公司的战略风险，导致并购重组失败。因此，公司在发生并购重组前，需制定并购重组战略目标，对并购重组行为、并购重组交易相关事宜进行明确。在选取被并购重组企业时，应杜绝盲目地选择。企业应以长期发展目标为前提条件出发去筛选目标企业。

（3）信息不对称风险

信息不对称风险一般出现在并购重组交易过程中。企业在发生并购重组过程中通常与目标企业之间存在信息不对称性。当目标企业存在经营不善、破产风险较高的情况，目标企业股东为了从并购重组交易中谋取利益，有可能会存在掩盖公司真实情况。而企业是由多种要素组成的相互联系和相互作用的有机体。并购方企业仅依靠目标企业披露的财务信息和自身的能力不能准确地预测目标企业价值。因此，在并购重组过程中，并购重组关联方都会选择资产评估机构对目标企业进行评估，并通过资产评估机构出具的资产评估结果来判断目标企业的价值。资产评估机构出具的独立公正的资产评估报告能够帮助并购重组关联方减少信息不对称性风险。但是如果资产评估机构与目标公司发生合谋行为，那么会增大并购重组中信息不对称风险。

（4）资金风险

无论是并购重组前对目标企业的考察、并购重组中的交易成本以及并购重组后资产整合都需要雄厚资金的支持。尤其是随着行业竞争风险增大，企业的经营风险和流动性风险也会增大。而且银行和一些金融机构会对行业竞争风险大的企业减少放贷。由此，在行业竞争较强的环境下，并购方企业将会面临更强的资金风险。因此，在发生并购重组前，并购方企业应当对自身和被并购方企业资金水平和融资能力进行评估，防止资金链的断裂对公司的经营产生影响。

（5）整合风险

整合风险是出现在并购重组交易完成后的整合步骤中的风险。整合风险是由公司对并购重组后整合工作认知有限而产生的风险。公司要想减少并购重组中的整合风险需注意以下两点：第一，重视企业文化的整合工作，并购方公司充分研究目标公司的公司文化，将自身公司文化与目标公司文化进行融合，减少两种文化的冲突。第二，充分了解目标企业的经营管理模式，按照市场需求和自身需要对于目标企业的不合适的经营管理模式进行优化整合。

3.3 中国行业发展现状

行业是指生产同类产品或提供同类劳动服务的个体组成的群体。在我国经济高速发展的同时，我国行业也出现了巨大变化。国家统计局公布的2017年国民经济行业分类中将全国的行业分为20个门类、97个大类、473个中类和1381小类，这足以说明我国行业发展迅速。因为本书主要考虑产品市场竞争和供应商客户关系对资产评估机构选择的影响，因此，我们主要分析我国产品市场竞争现状和我国供应商客户关系现状。

3.3.1 我国产品市场竞争现状

（1）影响产品市场竞争的制度因素

不同于发达国家和其他发展中的国家，当前我国产品市场竞争现状更多地受到中国经济体制和国家法律法规的影响。尤其是在经济体制改革后，这种影响更为强烈。接下来，按照时间顺序回顾影响产品市场竞争的大事件。

第一，1993年9月2日通过《中华人民共和国反不正当竞争法》（以下简称《反不正当竞争法》）。《反不正当竞争法》的出台规范了市场竞争秩序，保护了消费者和经营者的权益，减少了市场上的不正当竞争。

第二，1997年12月29日通过《中华人民共和国价格法》（以下简称《价格法》）。在有效的资本市场上，资本市场的参与者并不能决定商品的价格，商品的价格仅受商品供求关系的影响。但是我国资本市场并非有效资本市场，因此国家出台《价格法》以期望规范资本市场参与者的定价行为、减少市场上的恶性产品竞争、实现资产最优配置。

第三，2001年12月11日，我国正式加入WTO组织。加入WTO组织对我国经济发展既有好处也有一定的冲击。中国加入WTO组织后，我国的本土企业可以进入到外国市场并开设分支机构进行国际销售和生产，这有利于企业的国际市场占有率。但是同时也有大量的外商企业进入到中国市场，这意味着我国本土企业将面临更强的产品市场竞争，但是这种竞争冲击对不同行业会产生不同的影响。相对于行业集中度较低的行业，行业集中度高的行业涉及的行业受到政府的保护程度高、行政垄断程度高，因此，行业集中度较低的行业会受到更大影响。

第四，2008年8月1日，《中华人民共和国反垄断法》（以下简称《反垄断法》）开始施行。至此，《反不当竞争法》《价格法》和《反垄断法》构成了产品市场竞争的法律制度环境。《反垄断法》配合《反不正当竞争法》和《价格法》对行业竞争行为进行监督，以促进市场的良性发展以及社会主义经济健康发展。

（2）我国产品市场竞争的特征

第一，零售业、纺织、食品等行业过度竞争现象严重。过度竞争通常是指行业中每家企业净利润都为零或者为负，要素报酬长期低于平均水平。但是这种情况下，大部分企业仍然选择不退出行业，使得这种状态依旧保持下去。我国过度竞争行业主要表现的特点：首先，零售业、纺织、食品等行业中企业数量过多，企业生产能力严重过剩，大量设备闲置和产成品滞销。而且过度竞争行业对于新建立的企业的来说，进入行业的成本要低于进入其他行业，以致大量的新建企业进入过度竞争行业，继而导致产品市场竞争更加激烈。其次，过度竞争是不正当竞争的成因之一。随着行业中企业数量的增加，企业为了生存或者夺取行业中的资源，往往会选择以低于成本价销售,甚至选择欺诈交易、商业贿赂或者虚假广告等不正当竞争方式。

第二,采矿业、电信业、石油加工业等行业垄断现象严重。我国资本市场上存在两种垄断行为。第一类是行政性垄断。行政性垄断是指行政机关或其授权的组织滥用权力,限制竞争的行为。它是中国社会主义经济体制下特有的一种垄断行为。行政性垄断的表现形式主要有行业垄断和地区垄断。行业垄断指是资本市场上某些行业利用其在行业中行政管理权,控制市场和破坏市场竞争秩序的行为。行业垄断主要表现在三个方面:一是政府机关的下属企业利用政府机关的审批权、税收优惠等特权参与到行业竞争中。二是限制行业中其他企业的非正常经营活动。三是限制消费者仅能够购买本企业或者下属单位的产品和服务。而地区垄断是地方政府为了维护本地区的利益而实施的垄断。第二类是经济性垄断。与行政性垄断不同,经济性垄断不代表政府和行政机关的利益。经济性垄断是指资本市场上的个体为了获取更多的垄断利润,而利用自身的经济优势和产品市场竞争地位,采用与其他企业联合的方式,限制竞争的行为。无论是经济性垄断,还是行政性垄断都会对自由公平竞争产生影响,使得资源无法实现最优配置。

3.3.2 供应商客户关系现状

随着全球化经济的发展,供应商客户关系已然成为当下最重要的商业关系,尤其是,对于转型中的中国资本市场来说,供应商客户关系交易可以帮助企业减少交易成本。供应商客户关系交易模式主要有竞争关系模式和双赢关系模式。竞争关系模式主要表现在价格驱动,供应商(客户)可以向多家客户(供应商)出售(购买)商品,供应商(客户)可以通过客户(供应商)内的竞争以获取更多的价格优势。而双赢关系模式主要是强调供应商和客户之间共享信息,通过合作的方式获得双赢的行为。因此目前我国上市公司供应商客户关系主要呈现以下几个特点:

第一,供应商客户关系交易占总交易比例较低。图3-2、图3-3中描述了2010—2015年的上市公司前5名供应商采购额占全年所有采购额的比例、上市公司前5名客户销售额占全年所有销售额的比例。由图3-2、图3-3可见,上市公司的前5名供应商采购额占全年所有采购额比例和市公司前5名客户销售额占全年所有销售额的比例均在25%左右波动。说明供应商客户关系交易占总交易比例较低。造成这现象的原因可能是，首先，我国的供应商客户关系交易还是以竞争关系模式为主。企业更关注的是如何以最低价格获取原材料和最高价格卖出产成品，而忽略供应商客户关系的经营。其次，牢靠的供应商客户关系需要供应商和客户双方互通价格信息以获得更多的利润，但是一旦供应商或者客户掌握另一方过多的信息之后，双方的博弈地位将改变，泄露信息过多的一方将会获得更少的利润。因此，仅有少量的公司与供应商或客户建立了牢靠的关系。最后，供应商客户关系越紧密，供应商客户关系破裂对公司经营造成的风险越大，因此公司为了避免这种情况的出现，而减少关系型交易。

第二，行业之间的供应商客户关系存在较大差异。图3-4主要描述了纺织业、批发业、房地产业、广播、电视、电影和影视录音制作业和住宿业的上市公司前5名客户销售额占全年所有销售额的比例。通过图3-4可见，广播、电视、电影和影视录音制作业的客户关系交易最多，其次是纺织业，再次是批发业，最后是房地产业和住宿业。这就说明，行业内的供应商客户关系交易存在差异。一般来说，供应商客户关系对制造业、批发业和零售业等行业的影响较大，对服务业、房地产业和互联网等相关行业的影响较小。

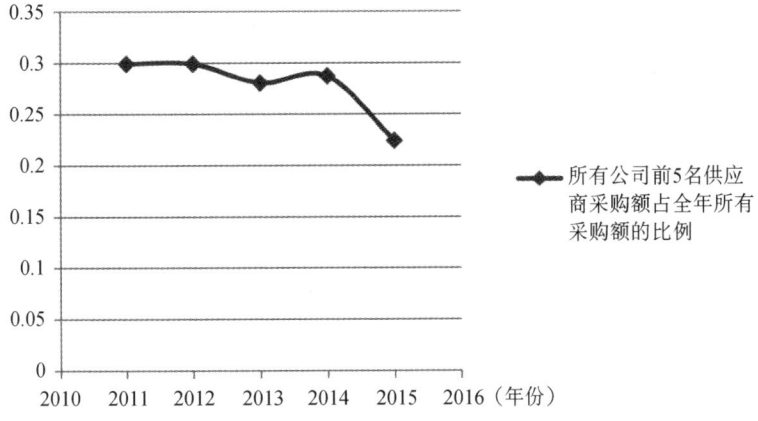

图3-2 上市公司前5名供应商采购额占全年所有采购额的比例

资料来源：国泰安数据库。

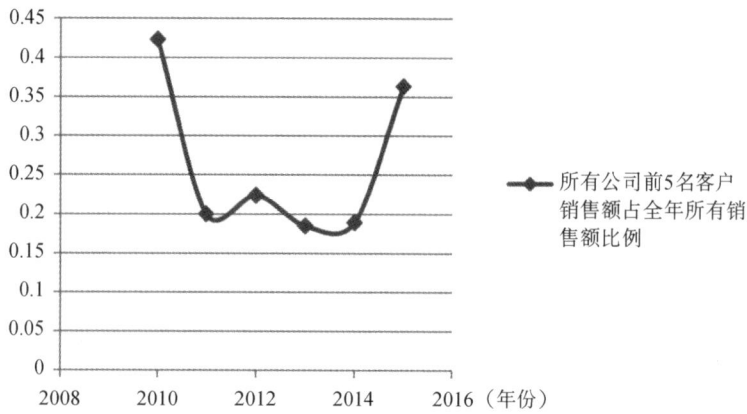

图 3-3　上市公司前 5 名客户销售额占全年所有销售额的比例

资料来源：国泰安数据库。

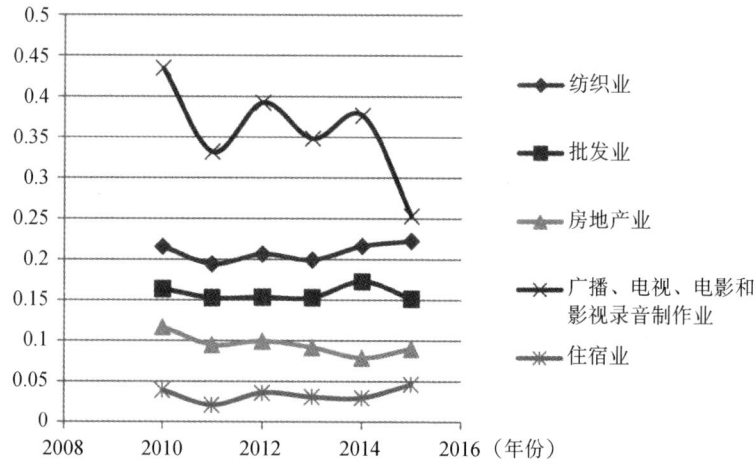

图 3-4　前 5 名客户销售额占全年所有销售额的比例

资料来源：国泰安数据库。

3.4　本章小结

本章对资产评估行业发展历程和现状、中国并购重组市场发展现状和中国行业发展现状进行了分析，为本书的第 4 章、第 5 章和第 6 章实证研究提供相关的背景知识。

本章得出以下结论：（1）随着《中华人民共和国资产评估法》的颁布和实施，我国的资产评估行业的监管体系基本上完成，但是还需要完善资产评估机构监管的相关法规和建立有效的市场约束机制。目前监管机构和资本市场参与者仍需关注资产评估机构恶性竞争和不正当竞争的行为。

（2）我国目前并购重组市场发展迅速，尽管政府和监管机构加强了对并购重组的监管力度，但是目前我国对并购重组行为的监管力度依旧是不够的。资产评估机构在并购重组中起到举足轻重的作用，尤其是在帮助监管并购重组交易中违规行为方面，监管机构应当发挥资产评估机构在并购重组交易中的监督作用。

（3）虽然《价格法》《反垄断法》和《反不正当竞争法》的出台有效地控制了行业中的恶性竞争和不正当竞争行为，但是产品市场竞争仍存在过度竞争和垄断行为。供应商客户关系现在已成为最重要的商业关系，但是我国目前的上市公司依旧是以竞争关系模型管理供应商客户关系。

第4章 并购重组中资产评估机构选择的同行效应研究

4.1 问题提出

"同行效应"是指信息不对称的情况下,资本市场上个体行为会受到群体行为的影响,进而表现出一种趋同性(Leary 和 Roberts,2014)。其他个体或经济实体的经济行为对自身相同经济行为产生的影响称为"传染效应"。而其他个体或者经济实体的经济行为产生的外部性对自身的不同经济行为影响被称为"溢出效应"。基于中介机构层面的研究而言,一方面,有学者从财务报告重述角度,发现审计师联结的上市公司之间的财务报告重述存在传染效应(徐艳萍和王琨,2015);另一方面,有学者从低质量审计角度,发现低质量审计在会计事务所、同一会计团队中存在传染效应(Francis 和 Michas,2013;刘明辉和乔贵涛,2014;冉明东等,2016)。可见,同行效应对中介机构行为影响较大,但是从资产评估机构角度探究同行效应，我们的认识并不深入。

就中介机构选择的研究而言，一部分学者发现审计师选择与代理成本之间的关系（Jensen 和 Meckling，1976；Francis 和 Wilson，1988；杜兴强和谭雪，2016）。另一部分学者认为审计师选择可以向外界传递公司信息（Titman 和 Trueman，1985；戴亦一等，2013）。还有部分学者审计师选择具有保险作用（Dye，1993；Menon 和 Williams，1994）。这虽然为我们研究资产评估机构选择行为提供了一定理论基础。但是，由于资产评估机构与会计事务所的功能、业务和执业操作等方面都存在一定的差异。因此，大部分学者对资产评估机构选择行为，还是存在认知不足的问题。

相对于并购定价、并购支付等步骤，资产评估机构选择通常被学者所忽略，但是事实上资产评估机构选择作为并购重组中一项关键的步骤，并购重组成败与否有可能会随着资产评估机构的不同而不同。然而相对于审计行业来说，大部分上市公司存在对资产评估行业和资产评估机构认知不足，特别是对以并购重组为目的的资产评估业务存在更强的认知不足问题。当个体存在认知不足的情况下，个体跟随其他个体的行为可以帮助个体节约成本且快速地做出决策（Kameda 和 Nakanishi，2003）。而且随着资本市场的发展，监管机制和监管法律的完善，公司行为受到了更多外部规范监管压力，且公司对资产评估机构选择行为的风险感知力也会增强。根据社会影响理论和风险感知理论，公司在受到更强的外部监管压力和具有更强的风险感知的情况下，公司会更倾向于模仿学习同行公司的行为。因此，在理论上，资产评估机构选择行为有可能存在同行学习效应。

基于以上分析，本章选取以并购重组为目的资产评估相关数据为研究样本，实证检验了资产评估机构选择行为的同行效应，并结合中国特色背景，进一步探究了产品市场竞争、企业产权、市场化程度、准则出台对资产评估机构选择行为的同行效应的影响。我们发现：（1）资产评估机构选择行为存在同行效应；（2）被评估公司处于产品市场竞争激烈环境下，资产评估机构选择行为的同行效应更弱；（3）被评估公司是国有企业时，资产评估机构选择行为的同行效应更强；（4）被评估公司处于市场化程度较高的地区时，资产评估机构选择行为的同行效应更弱；（5）企业价值评估准则出台后，资产评估机构选择行为的同行效应更强。

本章剩余部分安排如下：第二部分是介绍了同行效应方面的相关文

献、理论分析和提出相关假设；第三部分主要是介绍了研究样本、数据来源、变量定义和研究模型；第四部分是实证结果与分析；第五部分是稳健性检验；第六部分是本章小结。

4.2 研究假设

4.2.1 资产评估机构选择的同行效应

根据相关理论和文献，我们认为资产评估机构选择可能存在同行效应，具体阐述如下：

首先，资产评估行业作为一个新型中介行业，委托方对资产评估和资产评估机构认知有限，在选择资产评估机构时需要进行同行学习。相对于审计机构业务，资产评估机构业务更加多元化，资产评估机构业务之间也存在差异。而且与定期发生的审计行为不同，仅在公司有并购重组需求的情况下，才会发生并购重组为目的的资产评估。所以公司存在对以并购重组目的的资产评估以及资产评估机构存在认知资源有限的情况。当个体存在认知或经验不足以支持独立决策的情况下，跟随其他个体的行为能够节约成本并且快速地做出决策（王财玉和雷雳，2017；Kameda 和 Nakanishi，2003）。由此，我们认为，由于资本市场上存在信息不对称，公司会存在对资产评估机构认知不足或者资产评估经验不足的情况，那么他们会存在模仿跟随其他个体的行为。而且 Dimaggio 和 Powell（1983）认为由于相似文化组织会面临相似的国家制度环境和行业政策，所以相似文化组织之间会存在更强的认同感和信任感，因此公司在发生模仿行为的时候，更容易向同行公司进行学习。

其次，面对监管压力，从众行为导致资产评估的选择存在同行效应。Latane（1981）在社会影响理论中提到，从众行为通常发生在个体受到社会或者群体的规范带来的压力时反映出来的行为，尤其是在存在明显外在规范压力的情况下，这种趋同效应会更加强烈。随着内地资本市场发展，并购重组行为受到更多法律约束，而且并购重组关联方都会受到证监会的严格监管。所以，当公司受到更加严格的法律和证监会监督的情况下，公司会趋向于遵循群体规范行为。

最后，学习同行资产评估机构选择行为，有助于降低并购重组风险。风险感知是影响资产评估机构选择的因素之一，在选择资产评估机构时，公司会对该决策错误带来后果严重性进行感知。其中，Quiamzade 和 L'Huillier（2009）发现，投资越高风险的金融产品时，投资者有更强的风险感知，因此更容易发生羊群效应。随着并购重组行为监管严格程度增强，资产评估机构选择行为的风险感知也会随之增强。所以，公司更有可能发生模仿学习行业中其他公司选择的行为。

基于以上分析，本章提出假设 1：

H1：资产评估机构选择行为存在同行效应。

4.2.2 行业因素对资产评估机构选择行为的同行效应的影响

在并购重组评估中，除了需要考察公司内部因素外，公司行业因素也是影响资产评估结果的重要因素。那么行业因素是否会对资产评估机构选择的同行效应产生影响呢？产品市场竞争是考察行业的重要维度之一，所以本章重点考察产品市场竞争对资产评估机构选择的同行效应的影响。

产品市场竞争主要通过以下途径影响资产评估机构选择行为的同行效应。

第一，公司在产品市场竞争激烈环境下，面对决策不确定性，从而导致资产评估机构选择行为同行效应增强。有学者提出上市公司的经营风险、流动性风险和破产风险会随着产品市场竞争增强而增强（Schmidt，1997；Seetharaman，2002；吴昊昊，2012；邢立全和陈汉文，2013）。这意味着相对于产品市场竞争不激烈行业中公司，产品市场竞争激烈行业中的公司拥有更高的决策不确定性。行为人在不确定性情况下做决策时，会更加倾向于采用更加简单的思维模式，即模仿外界其他行为人的决策（Cyert 和 March，1963），因此，当评估对象是处于产品市场激烈环境下的公司，公司更可能倾向于发生学习模仿同行的行为。

第二，公司面对激烈的产品市场竞争，高管行为受到更强的外部监督，促使资产评估机构选择行为同行效应加强。产品市场竞争相当于公司的一种外部监督机制（姜付秀等，2009），行业竞争越剧烈，代理效率越高,代理成本越低,高管行为会受到越严格的监督(Schmidt,1997;姜付秀等,2009;Leventis 等,2011)。其中,Marciukaityte 和 Park(2009)发现处于产品市场竞争高的行业中公司更不容易发生机会主义盈余管理。Schmidt(1997)提出当竞争加剧,会降低公司利润且增加所有者出售企业的清算风险,这会使得管理行为更加严谨而且会降低企业经营成本。当被评估公司处于产品市场竞争激烈环境下,高管会更加谨慎地做决策。故处于产品市场竞争激烈行业的公司高管会受到较大的外部监督压力,因此,高管有可能会为了降低决策失误率,倾向于学习行业中其他公司的选择行为。

基于以上分析,本章提出假设 2a:

H2a:被评估公司处于产品市场竞争激烈环境下,资产评估机构选择行为的同行效应增强。

第三,产品市场竞争激烈有助于增强公司对资产评估机构认知,减弱了资产评估机构选择行为的同行效应。有学者发现,产品市场竞争与公司披露的会计信息质量成正比例关系(王雄元和刘焱,2008;Dhaliwal 等,2014;Liao 和 Lin,2016;Cheng 等,2013)。其中,Cheng 等(2013)认为产品市场竞争越激烈,不仅会增加公司盈余质量,而且会增加披露更多的会计信息,这使得投资者和分析师获得更多的公开和特质信息。这意味着处于产品市场竞争激烈行业的公司能获得更多同行公司的公开和特质信息,通过分析同行公司并购重组行为,可以增强对资产评估机构和以并购重组为目的的资产评估业务的了解,缓解公司对资产评估机构认知不足的问题。因此,公司模仿学习同行公司行为也会减少。

第四,产品市场竞争激烈环境下的多元化经营会减弱资产评估机构选择行为的同行效应。处于产品市场竞争激烈的行业的公司通常为了规避产品竞争压力,提高企业抗风险压力,选择多元化经营(Weston 和 Mansinghka,1971)。但是多元经营导致行业中公司之间差异较大,资本市场上可以参照并购重组案例减少,因此,有可能会导致资产评估机构选择行为的同行效应减少。

基于以上分析,本章提出假设 2b:

H2b:被评估公司处于产品市场竞争激烈环境下,资产评估机构选择行为的同行效应更弱。

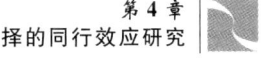

4.2.3 企业产权对资产评估机构选择行为的同行效应的影响

企业产权是研究中国问题不可回避的研究话题，为此，我们探究企业产权对资产评估机构选择行为的影响。与民营企业不同，国有企业有复杂代理关系，承担更多的社会责任，例如经济稳定增长、就业、养老，政府还赋予国有企业管理层政治身份。这三点使得国有企业与民营企业经营环境存在差异。鉴于这些差异，相对于私有资产，一旦发生国有资产或者国有股权转让不当，不仅会损害利益相关者的利益，更会对社会稳定产生影响。因此，当评估对象是国有企业时，资产评估机构选择行为的同行效应会有不同。

首先，国有企业行为受到更强的政府监督，这有助于增强资产评估机构选择行为的同行效应。一方面，有学者提出，适当的政府干预有助于抑制并购重组中国有企业管理者权利（Chang和Wong，2004；黄兴孪和沈维涛，2009；钟海燕等，2010；陈仕华和卢昌崇，2014），从而防止并购重组中的国有资产流失。其中，部分学者提出不同于民营企业，上市国有企业的党组织加入公司治理中更能够限制国有企业内部人的行为（Chang和Wong，2004；陈仕华和卢昌崇，2014）。另一方面，近年来，国家反腐败政策出台也使政治关联不仅会增加国有企业高管被查处的概率，也增加了政府官员为企业庇护掩盖行为的成本（党力，2015）。因此，当评估对象是国有企业时，政府干预以及相关反腐败政策的出台使得企业做出关于并购重组的相关决策时，受到更多外界规范的监督。因此，根据社会影响理论，被评估公司是国有企业时，更有可能发生模仿学习同行企业的决策。

其次，国有企业的单一经营会增强资产评估机构行为的同行效应。国有企业一般是寡头行业，市场竞争压力小，国有企业采用多元化经营模式较少，同行之间业务差距不大，所以国有企业发生资产评估机构选择行为时，资本市场上可以获得更合适的案例。这也是促使国有企业在选择资产评估机构时，更有可能学习同行企业决策的原因。

基于以上分析，本章得到假设3a：

H3a：被评估公司是国有企业时，资产评估机构选择行为的同行效应更强。

最后，政府干预限制了国有企业自主选择行为，从而减弱资产评估机构选择行为的同行效应。有研究提出为了发挥国有企业的社会责任或者完成政府晋升目标，政府有很强烈的动机干预国有上市公司的并购重组行为（Li和Zhou，2005；潘红波等，2008；李增泉等，2005；Chen等，2011），而且这些控制有可能会降低并购重组的效率（潘红波等，2011）。因此，为了发挥国有企业的社会责任或者其他目标，政府也会有动机控制国有上市公司并购重组中选择资产评估机构的行为，政府有可能会存在选择与其有关联的资产评估机构，从而限制了国有企业高管自主选择的权利，进而抑制了资产评估机构选择行为的同行效应。

基于以上分析，本章得到假设3b：

H3b：被评估公司是国有企业时，资产评估机构选择行为的同行效应更弱。

被评估公司作为资本市场的一个参与者，它的行为不仅会受到行业特征和企业特质特征的影响，更加会受到外部环境和制度的影响。所以本章还进一步考察市场化程度以及企业价值评估准则的出台对资产评估机构选择行为的影响。

4.2.4 市场化程度对资产评估机构选择行为的同行效应的影响

在中国经济转型的大格局下，资本市场上法律制度发展不完善的情况下，市场化程度构成了企业行为最重要的外在影响因素。市场化程度较高的情况下，资本市场活动比较活跃，要素市场和产品市场发育程度完善，中介机构发育程度更高。

一方面，市场化程度较高的区域，资产市场并购重组活动较为活跃，公司选择资产评估机构时，资本市场上可获得案例较多，这也为公司模仿学习同行公司的选择行为提供了便捷。

基于以上分析，本章得到假设4a：

H4a：被评估公司处于市场化程度较高的地区时，资产评估机构选择行为的同行效应更强。

另一方面，市场化程度越高有助于提高公司对资产评估机构的认知，从而资产评估机构同行效应减弱。有学者提出市场化程度与自愿信息披露程度成正比（程新生等，2011；李慧云和刘镝，2016）。其中，程新生等

(2011)认为在市场化程度较高的地区,公司的虚假陈述行为更容易被市场和监管者所发现,所以公司自愿披露程度较高。因此,被评估公司处于市场化程度较高的地区,它能通过资本市场上其他公司披露的信息对资产评估机构进行充分了解,这使得公司获得了对资产评估机构更多的认知,进而公司在不发生模仿学习行为的情况下,也能够做出合理的决策。

基于以上分析,本章得到假设4b:

H4b:被评估公司处于市场化程度较高的地区时,资产评估机构选择行为的同行效应更弱。

4.2.5 准则出台对资产评估机构选择行为的同行效应的影响

虽然在2016年迎来了资产评估法的出台,但是对于中国资产评估行业来说,在法律出台之前,资产评估基本准则替代资产评估法对中国资产评估行业有着监督管理作用。尤其是企业价值评估准则出台后,资产评估行业监督制度环境发生了很大的改变。资产评估监督制度环境的改变不仅会对资产评估机构行为产生影响,同时也可以通过资产评估机构报告而间接对公司行为产生影响。企业价值评估准则出台可以通过以下三方面对资产评估机构选择的同行效应产生影响。

第一,企业价值评估准则的出台监督了资产评估机构,增强了资产评估机构选择行为的同行效应。企业价值评估准则的出台,规范了资产评估机构行为,资产评估机构出具不实、虚假报告需承担更大的风险,这促使资产评估机构有更小的动机去跟公司发生合谋。从而,减少了公司直接选取能与其合谋的资产评估机构的行为,有助于资产评估机构选择行为的同行效应增强。

第二,企业价值评估准则的出台监督了公司的行为,增强了资产评估机构选择行为的同行效应。企业价值评估准则出台不仅加强了对资产评估机构行为的监督,而且通过评估报告和评估结果可以间接对公司起到监督的作用,所以相比于准则出台前,公司要受到更多外部规范监督和更强外界规范压力。根据社会影响理论可知,公司更有可能会倾向于学习行业中其他公司的资产评估机构选择。

基于以上分析,本章得到假设5a:

H5a:企业价值评估准则出台后,资产评估机构选择行为的同行效应更强。

第三，企业价值评估准则的出台提高了公司对资产评估机构的认知，从而减弱资产评估机构选择行为的同行效应。企业价值评估准则中针对企业价值评估程序、企业价值评估操作、企业价值评估方法等进行了要求，这使得资本市场上公司可以通过对企业价值评估准则的学习以扩充他们对资产评估机构和企业价值评估业务的认知，从而减少公司认知不足的情况，继而公司在做决策时，可能会减少模仿学习同行资产评估机构选择行为。

基于以上分析，本章得到假设 5b：

H5b：企业价值评估准则出台后，资产评估机构选择行为的同行效应更弱。

4.3 研究设计

4.3.1 样本选取和数据来源

由于资产评估协会从 2011 年开始披露资产评估机构综合排名，因此，本章选取 2011—2016 年上市公司以并购重组为目的的资产评估机构数据为研究样本，并经过了如下样本处理过程：（1）剔除金融行业的上市公司；（2）剔除当年 IPO 的上市公司；（3）剔除数据缺失上市公司。最终，本章的研究样本包含 4224 个观测值。为了消除极端值对研究结果的影响，本章对所有连续变量按上下 1% 分位数采用 Winsorize 处理。本章中的上市公司数据均来自国泰安数据库，市场化程度数据来自樊纲和王小鲁（2016）编著的《中国市场化指数——各地区市场化相对进程报告》。

4.3.2 研究变量

（1）资产评估机构选择（$Top4_{ijt}$）

借鉴 Francis 和 Yu（2009）对审计师选择的做法，本章将资产评估机构分为两类："四大"资产评估机构和"非四大"资产评估机构。"四大"指中国资产评估协会出具的资产评估机构的综合排名前四位的资产评估机构。而"非四大"则指除了"四大"以外的资产评估机构。本章以上市公司 i 是否选择"四大"资产评估机构为被解释变量。如果第 t 年 j 行业的 i 公司选择了"四大"资产评估机构,则为 1;如果第 t 年 j 行业的 i 公司没有选择"四大"资产评估机构,则为 0。

(2)行业竞争程度(HHI_{ijt})

借鉴邢立全和陈汉文(2013)的做法,本章选取赫芬达尔—赫希曼指数作为产品市场竞争的衡量指标。赫芬达尔—赫希曼指数(HHI)是行业内各公司营业收入占行业总营业收入比重的平方和,即 $HHI = \sum_{i=1}^{N}\left(\frac{S_i}{S}\right)^2$,$N$ 为行业内上市公司数量;S_i 为公司当年营业收入;S 为同行业总营业收入。HHI 越接近 0,表明该行业内竞争越激烈。

(3)企业产权($guoyou$)

借鉴李小荣和董红晔(2015)的做法,如果企业实际控制人是政府或者集体,则为 1;如果企业实际控制人不是政府或者集体,则为 0。

(4)市场化程度($market$)

市场化程度($market$)来自樊纲和王小鲁(2016)编著的《中国市场化指数——各地区市场化相对进程报告》。其中,报告中数据仅更新到 2014 年,因此 2015 年和 2016 年的产品市场发育程度以 2014 年产品市场发育程度替代。

(5)评估准则出台($standard$)

虚拟变量,企业价值评估准则出台前,则为 0;企业价值评估准则出台后,则为 1。

(6)控制变量

借鉴 Fan 和 Wang(2005)、杜兴强和谭雪(2016)文献,本章设置如下控制变量:独董比例、董事会规模、公司规模、公司负债水平、公司盈利能力、公司成长性、行业平均规模、行业平均负债水平、行业平均盈利能力、行业平均成长性。

4.3.3 研究模型

为了验证资产评估机构的选择行为是否存在同行效应,借鉴 Francis 和 Yu(2009)对审计师选择的做法,本章将资产评估机构分为两类:

"四大"资产评估机构和"非四大"资产评估机构。"四大"指中国资产评估协会出具的资产评估机构的综合排名前四位的资产评估机构。而"非四大"则指除了"四大"以外的资产评估机构。本章以上市公司 i 是否选择"四大"资产评估机构为被解释变量,以除了公司 i 外行业中其他公司是否选择"四大"资产评估机构的平均值为解释变量。借鉴 Leary 和 Roberts (2014) 的研究,采用 Probit 回归模型 (4-1) 检验假设 1:

$$Top4_{ijt} = \alpha + \beta_1 \times \overline{Top4_{-ijt}} + \beta_2 \times control1_{ijt} +$$
$$\beta_3 \times \overline{control2_{-ijt}} + \beta_4 \times \mu_j + \beta_5 \times \nu_t + \varepsilon_{ijt} \quad (4-1)$$

为了检验假设 2,在模型 4-1 加入产品市场竞争 (HHI) 和产品市场竞争与同行业其他公司资产评估的选择的交乘项 ($\overline{Top4_{-ijt}} \times HHI$),具体见模型 (4-2):

$$Top4_{ijt} = \alpha + \beta_1 \times \overline{Top4_{-ijt}} + \beta_2 HHI \times \overline{Top4_{-ijt}} + \beta_3 \times HHI$$
$$+ \beta_4 \times control1_{ijt} + \beta_5 \times \overline{control2_{-ijt}} + \beta_6 \times \mu_j + \beta_7 \times \nu_t + \varepsilon_{ijt}$$
$$(4-2)$$

为了检验假设 3,在模型 4-1 加入企业产权 ($guoyou$) 和企业产权与同行业其他公司资产评估的选择的交乘项 ($\overline{Top4_{-ijt}} \times guoyou$),具体见模型 (4-3):

$$Top4_{ijt} = \alpha + \beta_1 \times \overline{Top4_{-ijt}} + \beta_2 \times guoyou \times \overline{Top4_{-ijt}} + \beta_3 \times guoyou +$$
$$\beta_4 \times control1_{ijt} + \beta_5 \times \overline{control2_{-ijt}} + \beta_6 \times \mu_j + \beta_7 \times \nu_t + \varepsilon_{ijt}$$
$$(4-3)$$

为了检验假设 4,在模型 4-1 加入市场化程度指数 ($market$) 和市场化程度指数与同行业其他公司资产评估的选择的交乘项 ($\overline{Top4_{-ijt}} \times market$),具体见模型 (4-4):

$$Top4_{ijt} = \alpha + \beta_1 \times \overline{Top4_{-ijt}} + \beta_2 \times market \times \overline{Top4_{-ijt}} + \beta_3 \times marke$$
$$+ \beta_4 \times control1_{ijt} + \beta_5 \times \overline{control2_{-ijt}} + \beta_6 \times \mu_j + \beta_7 \times \nu_t + \varepsilon_{ijt}$$
$$(4-4)$$

为了检验假设 5,在模型 4-1 加入准则出台 ($standard$) 和准则出台与同行业其他公司资产评估的选择的交乘项 ($\overline{Top4_{-ijt}} \times standard$),具体见模型（4-5）：

$$Top4_{ijt} = \alpha + \beta_1 \times \overline{Top4_{-ijt}} + \beta_2 \times standard \times \overline{Top4_{-ijt}} + \beta_2 \times standard + \beta_2 \times control1_{ijt} + \beta_2 \times \overline{control2_{-ijt}} + \beta_6 \times \mu_j + \beta_7 \times \nu_t + \varepsilon_{ijt}$$
(4-5)

其中下标 i、j、t 分别代表上市公司 i、第 j 个行业以及第 t 年。模型中的因变量（$Top4_{ijt}$）代表处于第 t 年 j 行业的 i 公司是否选择"四大"资产评估机构，自变量为第 t 年 j 行业的除了 i 公司外的其他公司是否选择"四大"资产评估机构的平均值（$\overline{Top4_{-ijt}}$）、赫芬达尔—赫希曼指数（HHI）、企业产权（$guoyou$）、市场化程度指数（$market$）、准则出台（$standard$），以及交叉项 $\overline{Top4_{-ijt}} \times HHI$、$\overline{Top4_{-ijt}} \times guoyou$、$\overline{Top4_{-ijt}} \times market$、$\overline{Top4_{-ijt}} \times standard$。$\mu_j$、$\nu_t$ 分别表示行业固定效应和年度效应。ε_{ijt} 表示公司 i 在第 t 年的扰动项。

具体的变量定义参见表 4-1：

表 4-1　　　　　　　　变量定义

变量名称	变量符号	变量描述
公司 i 的资产评估机构的选择	$Top4_{ijt}$	虚拟变量，如果第 t 年 j 行业的 i 公司选择了"四大"资产评估机构，则为 1；如果第 t 年 j 行业的 i 公司没有选择"四大"资产评估机构，则为 0。
同行业其他公司的资产评估机构的选择	$\overline{Top4_{-ijt}}$	第 t 年 j 行业的除了 i 公司外的资产评估机构的选择的平均值。
赫芬达尔—赫希曼指数	HHI	产品市场竞争指数，用市场上所有企业的市场份额的平方和来表示。
企业产权	$guoyou$	虚拟变量，如果企业实际控制人是政府或者集体，则为 1；如果企业实际控制人不是政府或者集体，则为 0。
市场化程度	$market$	公司注册地所在省份的市场化程度指数，来自《中国市场化指数——各地区市场化相对进程报告》

续表

变量名称	变量符号	变量描述
评估准则出台	$standard$	虚拟变量,企业价值评估准则出台前,则为 0;企业价值评估准则出台后,则为 1。
公司规模	$size$	年末资产总额的自然对数
公司负债	lev	公司总负债与总资产之比
公司盈利能力	roa	营业利润/年末净资产
公司成长性	$growth$	(本年主营业收入 − 上年主营业收入)/上年主营业收入
独董比例	$indept$	独立董事人数/董事会人数
董事会规模	$board$	上市公司董事会成员数
行业平均规模	$size\_industry_{-ijt}$	j 行业的除了 i 公司外的平均规模的对数
行业平均负债水平	$lev\_industry_{-ijt}$	j 行业的除了 i 公司外的平均资产负债率
行业平均盈利能力	$roa\_industry_{-ijt}$	j 行业的除了 i 公司外的平均盈利能力
行业平均成长性	$growth\_industry_{-ijt}$	j 行业的除了 i 公司外的平均成长性

4.4 实证结果与分析

4.4.1 描述性统计与相关性分析

表 4-2 报告了全部变量的描述统计结果,从中可以发现:资产评估机构选择变量($Top4_{ijt}$)的平均值为 0.247,表明大约有 24.7% 的公司选择了"四大"资产评估机构。行业中其他公司($\overline{Top4_{-ijt}}$)的平均值为 0.237,说明行业中平均有 23.7% 的公司选择了"四大"资产评估机构。HHI 的平均值为 1.294,中位数为 0.510,最小值为 0.005,最大值为 12.624,标准差为 2.158,说明我国大部分上市公司行业的产品竞争力比较激烈,但是行业之间差异较大,这与我国现实情况一致。$guoyou$ 的平均值 0.500,说明在样本公司中国有企业占比较高。$market$ 的平均值为

7.088，中位数为 6.790，标准差 1.822，表明，2011 年以后，我国市场化程度较高，但是还是存在地区差异，这与我国目前情况一致。其他变量分布情况均在合理范围内，详见表 4-2。

表 4-2　　　　　　　　　主要变量描述性统计

变量	样本数	平均值	中位数	标准差	最小值	最大值
$Top4_{ijt}$	4224	0.247	0	0.431	0	1
$\overline{Top4}_{-ijt}$	4224	0.237	0.190	0.247	0	1
HHI	4224	1.294	0.510	2.158	0.005	12.624
$guoyou$	4224	0.500	0	0.500	0	1
$market$	4224	7.088	6.790	1.822	-0.300	9.950
$standard$	4224	0.945	1	0.228	0	1
$board$	4224	8.934	9	1.995	5	18
$indept$	4224	0.378	0.364	0.061	0.230	0.714
$size$	4224	22.170	22.026	1.450	19.081	26.019
lev	4224	0.511	0.519	0.225	0.055	1.009
$growth$	4224	0.199	0.076	0.746	-0.608	5.877
roa	4224	0.027	0.026	0.055	-0.197	0.190
$size\_industry$	4224	21.876	21.755	0.757	20.293	23.895
$lev\_industry$	4224	0.482	0.448	0.136	0.257	1.013
$growth\_industry$	4224	0.719	0.191	2.068	-0.101	14.609
$roa\_industry$	4224	0.052	0.355	0.094	-0.232	0.528

表 4-3 是相关性系数表，从中可以发现：(1) 因变量 ($Top4_{ijt}$) 与自变量 ($\overline{Top4}_{-ijt}$) 在 1% 的水平上显著且正相关，表明公司 i 选择资产评估机构的行为会受到行业中其他公司的选择的影响，即：公司对资产评估机构的选择行为存在同行效应。(2) 从控制变量与因变量之间的相关系数和显著性看，董事会规模 ($board$)、行业平均规模 ($size\_industry$)、行业平均盈利水平 ($roa\_industry$) 都与公司 i 资产评估机构选择 ($Top4_{ijt}$) 显著相关。(3) 从控制变量的相关系数看，所有变量之间的相关系数都小于 0.5，所以，本研究基本上排除多重共线性对结果的影响。

表 4 – 3 相关系数矩阵

变量	$Top4_{ijt}$	$\overline{Top4}_{-ijt}$	HHI	guoyou	market	standard	board	indept	size	lev	growth	roa	size_industry	lev_industry	growth_industry	roa_industry
$Top4_{ijt}$	1															
$\overline{Top4}_{-ijt}$	0.448***	1														
HHI	0.044***	0.062***	1													
guoyou	0.003	−0.052***	0.227***	1												
market	0.081***	0.123***	−0.061***	−0.100***	1											
standard	−0.019	−0.006	0.053***	−0.011	0.099***	1										
board	−0.064***	−0.096***	0.173***	0.293***	−0.052***	−0.038**	1									
indept	0.019	0.028*	0.030**	0.010	0.028*	0.034**	−0.394***	1								
size	0.014	−0.004	0.490***	0.450***	−0.094***	0.059***	0.354***	0.022	1							
lev	0.016	−0.022	0.179***	0.342***	−0.095***	0.002	0.143***	0.001	0.477***	1						
growth	0.016	0.041***	−0.090***	−0.116***	0.053***	−0.121***	−0.122***	0.047***	−0.032**	0.015	1					
roa	0.004	0.022	0.017	−0.146***	−0.025*	−0.081***	0.021	−0.036**	−0.050***	−0.413***	0.190***	1				
size_industry	0.030***	0.041***	0.038***	0.335***	−0.111***	0.093***	0.168***	0.018	0.445***	0.391***	−0.048***	−0.121***	1			
lev_industry	0.004	−0.026*	−0.004	0.173***	−0.073***	−0.149***	0.040***	0.028*	0.295***	0.356***	0.062***	−0.103***	0.481***	1		
growth_industry	0.014	0.018	−0.062***	−0.021	0.006	0.006	−0.082***	0.049***	−0.001	0.057***	0.016	−0.007	0.089***	0.100***	1	
roa_industry	−0.032**	−0.016	0.081***	−0.001	−0.004	0.012	0.056***	0.035**	0.013	−0.105***	0.025	0.064***	−0.102***	−0.298***	0.003	1

注：***，**，* 分别表示在 1%，5% 和 10% 水平上显著。

4.4.2 Probit 回归结果分析

表 4-4 报告了同行业其他公司的资产评估机构的选择如何影响公司 i 的选择的回归结果,其中,第一、第二和第三列回归结果,$\overline{Top4}_{ijt}$ 的系数分别是 2.585、2.573、0.716,都在 1% 水平上显著,该结果说明两点:(1) 资产评估机构的选择存在同行效应。(2) 当同行业其他公司选择"四大"资产评估机构的概率增大,公司 i 选择"四大"资产评估机构的概率也会增大。由此验证了本章假设 H1 的猜想。

其他变量回归结果,独董比例(indept)与公司 i 的资产评估机构选择成反比例关系,董事会规模(board)与公司 i 资产评估机构选择成反比例的关系,这与杜兴强和谭雪(2016)不一致。造成不一致的原因是,独董比例和董事会规模与公司代理成本是反比例关系,而代理成本程度与审计的需求程度是正比例关系,所以独董比例越高、董事会规模越大,代理成本越低,越不会选择高质量的审计师(Defond,1992)。同理可得,在并购重组中,公司独董比例越高、董事会规模越大,代理成本越低,公司选择高质量的资产评估机构的概率越低。其他结果都跟杜兴强和谭雪(2016)、Fan 和 Wang(2005)保持一致。

表 4-4 资产评估机构选择行为的同行效应

变量	(1) $Top4_{ijt}$	(2) $Top4_{ijt}$	(3) $Top4_{ijt}$
$\overline{Top4}_{-ijt}$	2.585***	2.573***	0.716***
	(26.84)	(26.53)	(4.66)
board		-0.036**	-0.028
		(-2.57)	(-1.58)
indept		-0.204	-0.491
		(-0.48)	(-1.00)
size		0.013	0.031
		(0.60)	(1.22)
lev		0.177	0.183
		(1.31)	(1.14)

续表

变量	(1) $Top4_{ijt}$	(2) $Top4_{ijt}$	(3) $Top4_{ijt}$
growth		-0.006 (-0.20)	0.005 (0.14)
roa		0.212 (0.43)	0.603 (1.00)
size_industry		0.010 (0.25)	-0.140 (-0.46)
lev_industry		-0.042 (-0.20)	0.300 (1.00)
growth_industry		-0.004 (-0.36)	0.037*** (2.63)
roa_industry		-0.323 (-1.27)	-0.424 (-1.34)
Constant	-1.416*** (-41.03)	-1.589** (-2.04)	1.213 (0.19)
Year Fixed Effect	no	no	yes
Industry Fixed Effect	no	no	yes
Observations	4224	4224	4224
Pseudo R-squared	0.179	0.181	0.268
Log likelihood	-1938.786	-1932.804	-1727.406

注：***、**、*分别表示在1%、5%和10%水平上显著；回归系数的标准误差经过Robust调整。

表4-5进一步考察了产品市场竞争对资产评估机构选择行为的同行效应影响，从第一、第二和第三列的回归结果来看，交叉项（$\overline{TOP4}_{-ijt}$ × HHI）系数分别是0.129、0.127、0.137。检验结果分别在1%、5%上显著。这表明随着HHI指数越低，产品市场竞争力越激烈，资产评估机构的选择行为的同行效应减弱。这与假设H2b猜想一致。对此解释，一方面，HHI越低、产品市场竞争越激烈，同行公司信息披露程度越高，这可能使得公司通过披露信息对资产评估认知加强，进而减少对同行公司资产评估机构选择的模仿学习行为；另一方面，相比产品市场竞争程度低的行

业，产品市场竞争激烈的行业公司一般采用多元化经营，行业中公司之间存在业务差异，导致学习案例减少，同行学习行为减少。由此得到，产品市场竞争抑制了资产评估机构选择行为的同行效应。

表4-5 产品市场竞争对资产评估机构选择行为的同行效应的影响

变量	(1) $Top4_{ijt}$	(2) $Top4_{ijt}$	(3) $Top4_{ijt}$
$\overline{Top4}_{-ijt}$	2.409***	2.403***	0.538***
	(20.66)	(20.49)	(3.13)
$\overline{TOP4}_{-ijt} \times HHI$	0.129***	0.127***	0.137**
	(2.80)	(2.66)	(2.01)
HHI	-0.039*	-0.038	-0.046
	(-1.88)	(-1.54)	(-1.32)
board		-0.036**	-0.029*
		(-2.53)	(-1.66)
indept		-0.300	-0.594
		(-0.70)	(-1.20)
size		0.007	0.022
		(0.24)	(0.67)
lev		0.170	0.199
		(1.27)	(1.25)
growth		-0.004	0.010
		(-0.12)	(0.27)
roa		0.123	0.591
		(0.25)	(0.99)
size_industry		0.019	-0.148
		(0.42)	(-0.48)
lev_industry		-0.012	0.318
		(-0.06)	(1.06)
growth_industry		-0.004	0.039***
		(-0.37)	(2.75)
roa_industry		-0.273	-0.427
		(-1.06)	(-1.35)
Constant	-1.367***	-1.561**	1.657
	(-32.60)	(-2.00)	(0.26)

续表

变量	(1) $Top4_{ijt}$	(2) $Top4_{ijt}$	(3) $Top4_{ijt}$
Year Fixed Effect	no	no	yes
Industry Fixed Effect	no	no	yes
Observations	4224	4224	4224
Pseudo R - squared	0.180	0.183	0.269
Log likelihood	-1934.798	-1929.142	-1724.819

注：***、**、* 分别表示在1%、5%和10%水平上显著；回归系数的标准误差经过 Robust 调整。

表4-6进一步检验了企业产权对资产评估机构选择行为的同行效应的影响，从第一列、第二列和第三列的回归结果来看，交叉项（$\overline{Top4}_{-ijt}$ × guoyou）系数分别为0.769、0.778、0.709。检验结果都在1%上显著。这表明公司为国有企业时，更有可能会学习模仿同行公司的资产评估机构的选择。支持了本章的假设H3a。对此的解释是，一方面，适当的政府干预和反腐败政策的出台有利于监督企业高管的行为，企业高管在更强的外部规范监督情况下，更容易发生模仿学习行为；另一方面，国有企业经营范围单一，同行之间差异较小，这也使得公司在寻找学习案例时，更容易找到合适的学习案例。因此，当公司为国有企业时，资产评估机构选择行为的同行效应越强。

表4-6 企业产权对资产评估机构选择行为的同行效应的影响

变量	(1) $Top4_{ijt}$	(2) $Top4_{ijt}$	(3) $Top4_{ijt}$
$\overline{Top4}_{-ijt}$	2.233*** (17.69)	2.219*** (17.50)	0.409** (2.15)
$\overline{Top4}_{-ijt}$ × guoyou	0.769*** (3.97)	0.778*** (3.96)	0.709*** (2.76)
guoyou	-0.171** (-2.46)	-0.161** (-2.15)	-0.097 (-0.91)
board		-0.038*** (-2.60)	-0.031* (-1.78)

续表

变量	（1）$Top4_{ijt}$	（2）$Top4_{ijt}$	（3）$Top4_{ijt}$
indept		-0.084	-0.410
		(-0.20)	(-0.84)
size		0.004	0.013
		(0.18)	(0.52)
lev		0.182	0.179
		(1.34)	(1.11)
growth		-0.001	0.014
		(-0.05)	(0.40)
roa		0.268	0.683
		(0.54)	(1.13)
size_industry		-0.002	-0.061
		(-0.04)	(-0.20)
lev_industry		-0.048	0.334
		(-0.22)	(1.11)
growth_industry		-0.004	0.037***
		(-0.37)	(2.60)
roa_industry		-0.320	-0.496
		(-1.26)	(-1.57)
Constant	-1.338***	-1.082	-0.053
	(-27.88)	(-1.32)	(-0.01)
Year Fixed Effect	no	no	yes
Industry Fixed Effect	no	no	yes
Observations	4224	4224	4224
Pseudo R-squared	0.183	0.185	0.271
Log likelihood	-1929.653	-1923.652	-1720.945

注：***、**、*分别表示在1%、5%和10%水平上显著；回归系数的标准误差经过Robust调整。

表4-7进一步探究了资产评估机构选择行为是如何受到市场化程度影响，从第一列、第二列、第三列的回归结果来看，交叉项（$\overline{Top4}_{-ijt} \times$

market) 系数分别是 -0.155、-0.149、-0.195，检验结果都在1%水平上显著。这说明公司所处地区的市场化程度越高，资产评估机构选择行为的同行效应越弱。验证了假设4b。对此的解释是，公司所处地区的市场化程度越高，公司自愿性信息披露较高，公司可以获得更多关于资产评估机构的信息，扩充了公司对资产评估机构的认知，从而资产评估机构选择行为的同行效应减少。

表4-7 市场化程度对资产评估机构选择行为的同行效应的影响

变量	(1) $Top4_{ijt}$	(2) $Top4_{ijt}$	(3) $Top4_{ijt}$
$\overline{Top4}_{-ijt}$	3.687***	3.628***	2.119***
	(8.74)	(8.56)	(3.88)
$\overline{Top4}_{-ijt} \times market$	-0.155***	-0.149***	-0.195***
	(-2.76)	(-2.64)	(-2.68)
market	0.076***	0.078***	0.088***
	(3.66)	(3.73)	(2.80)
board		-0.035**	-0.026
		(-2.53)	(-1.50)
indept		-0.216	-0.478
		(-0.51)	(-0.97)
size		0.012	0.026
		(0.55)	(1.06)
lev		0.204	0.193
		(1.50)	(1.20)
growth		-0.013	0.001
		(-0.44)	(0.03)
roa		0.322	0.676
		(0.65)	(1.11)
size_industry		0.016	-0.117
		(0.38)	(-0.38)
lev_industry		-0.025	0.313
		(-0.12)	(1.04)

续表

变量	(1) $Top4_{ijt}$	(2) $Top4_{ijt}$	(3) $Top4_{ijt}$
growth_industry		-0.004	0.036**
		(-0.42)	(2.52)
roa_industry		-0.299	-0.414
		(-1.17)	(-1.32)
Constant	-1.951***	-2.258***	0.195
	(-12.84)	(-2.77)	(0.03)
Year Fixed Effect	no	no	yes
Industry Fixed Effect	no	no	yes
Observations	4224	4224	4224
Pseudo R-squared	0.182	0.184	0.270
Log likelihood	-1932.279	-1926.041	-1722.809

注：***、**、*分别表示在1%、5%和10%水平上显著；回归系数的标准误差经过Robust调整。

表4-8进一步分析了企业价值评估准则出台对资产评估机构选择行为的同行效应的影响，从第一列、第二列和第三列的回归结果来看，交叉项（$\overline{Top4}_{-ijt} \times standard$）的系数分别是1.458、1.528、1.552，检验结果都是在1%上水平上显著，这说明企业价值评估准则的出台，有效地促进了资产评估机构选择行为的同行效应。验证假设5a。对此的解释是，首先，企业价值评估准则出台后，有效地抑制了资产评估机构与公司发生合谋的机会，而同时也通过资产评估报告间接地对公司起到监督作用，增加了公司外部监管，从而促使公司在发生资产评估机构选择时，更有可能会学习模仿行业其他公司的行为。

表4-8　准则出台对资产评估机构选择行为的同行效应的影响

变量	(1) $Top4_{ijt}$	(2) $Top4_{ijt}$	(3) $Top4_{ijt}$
$\overline{Top4}_{-ijt}$	1.227***	1.147***	0.623*
	(3.51)	(3.18)	(1.67)

续表

变量	(1) $Top4_{ijt}$	(2) $Top4_{ijt}$	(3) $Top4_{ijt}$
$\overline{Top4}_{-ijt} \times standard$	1.458***	1.528***	1.552***
	(4.01)	(4.07)	(4.02)
standard	-0.554***	-0.609***	-1.036***
	(-4.11)	(-4.37)	(-6.43)
board		-0.036**	-0.023
		(-2.57)	(-1.43)
indept		-0.239	-0.294
		(-0.56)	(-0.64)
size		0.017	0.016
		(0.77)	(0.71)
lev		0.184	0.199
		(1.36)	(1.34)
growth		0.007	-0.000
		(0.24)	(-0.01)
roa		0.140	0.265
		(0.28)	(0.47)
size_industry		0.032	1.009***
		(0.78)	(5.53)
lev_industry		-0.190	0.277
		(-0.88)	(1.01)
growth_industry		-0.004	0.002
		(-0.40)	(0.17)
roa_industry		-0.360	-0.011
		(-1.39)	(-0.04)
Constant	-0.903***	-1.497*	-22.467***
	(-6.94)	(-1.94)	(-5.78)
Year Fixed Effect	no	no	yes
Industry Fixed Effect	no	no	yes
Observations	4224	4224	4224
Pseudo R-squared	0.183	0.185	0.215
Log likelihood	-1929.927	-1923.140	-1854.178

注：***、**、*分别表示在1%、5%和10%水平上显著；回归系数的标准误差经过Robust调整。

4.5 稳健性检验

为了确保论文结果的稳健性,本章进行了两项稳健性检验。

首先,针对估计模型中可能存在的内生性问题,参照 Leary 和 Roberts (2014)、Yadav 和 Shanker (2015) 研究成果,本章采用 Probit – IV 两阶段回归以缓解因变量与自变量之间的互为因果的问题。本章认为股票收益信息包括市场收益信息、行业收益信息和公司特质收益信息,所以将公司特质收益信息的行业平均值作为外生工具变量。具体步骤如下:

第一,建立资本资产定价模型:

$$R_{ijt} = a_{ijt} + \beta_{ijt}^{M} \times (R_{mt} - R_{ft}) + \beta_{ijt}^{IND} \times (\overline{R}_{-jit} - R_{ft}) + \eta_{ijt} \quad (4-6)$$

其中,R_{ijt} 表示行业 j 中,公司 i 在月份 t 的股票收益率,R_{mt} 表示月份 t 的市场股票收益率,R_{ft} 表示月份 t 的无风险收益率,$\overline{R}_{-jit}$ 表示行业 j 中剔除 i 的平均加权的股票收益率,η_{ijt} 表示随机扰动项。其中,随机扰动项就是公司特质信息。这里随机扰动项又被称为收益冲击。

第二,为了得到方程中的收益冲击,本章按照资本资产定价模型对每家上市公司的月度数据做回归,并提取残差值。

第三,由于第二步得到收益冲击数据是月度数据,而我们上文中数据全部都是年度数据,所以为了数据的一致性,本章利用复利计算的方式将月度数据变成年度数据,并将收益冲击年度数据按照行业求同行平均收益冲击(剔除公司 i)。即同行平均收益冲击就是本章选取的工具变量。

第四,采用 Probit – IV 两阶段回归,第一阶段回归用来检验工具变量与同行资产评估机构的选择的关系,第二阶段回归是工具变量替代同行资产评估机构选择进行 Probit 回归。具体检验结果如表 4 – 9、表 4 – 10 所示。从第一列的回归结果可以看到,同行平均收益冲击对同行资产评估机构选择有正向影响,即工具变量与替代变量之间存在相关性。从第二列的回归结果系数和显著性可以看到,加入工具变量后,同行资产评估机构的选择对公司 i 的资产评估机构的选择影响更大。

表 4-9　　　　　　　　　　Probit - IV 两阶段回归

变量	(1) $\overline{TOP4}_{-ijt}$	(2) $Top4_{ijt}$
$\overline{TOP4}_{-ijt}$		9.519***
		(3.14)
Peer Firm Average Equity Shock	0.016***	
	(4.28)	
board	-0.003*	-0.006
	(-1.92)	(-0.26)
indept	-0.075	-0.056
	(-1.64)	(-0.08)
size	0.004*	0.008
	(1.89)	(0.25)
lev	0.003	0.125
	(0.21)	(0.61)
growth	0.003	-0.020
	(0.93)	(-0.42)
roa	0.164***	-0.704
	(3.14)	(-0.82)
size_industry	0.106***	-0.964**
	(3.70)	(-1.97)
lev_industry	-0.093***	1.006**
	(-3.35)	(2.17)
growth_industry	0.007***	-0.025
	(5.24)	(-0.90)
roa_industry	-0.055*	0.119
	(-1.75)	(0.26)
Constant	-2.132***	17.555*
	(-3.51)	(1.74)
Observations	4224	4224
Year Fixed Effect	yes	yes
Industry Fixed Effect	yes	yes

续表

变量	(1) $\overline{TOP4}_{-ijt}$	(2) $Top4_{ijt}$
r^2	0.644	
r^2_a	0.632	
F	55.07	
Wald test 值		15.16***

注：***、**、*分别表示在1%、5%和10%水平上显著；回归系数的标准误差经过Robust调整。

其次，改变资产评估机构选择的衡量方式，按照中国资产评估协会出具的资产评估机构的综合排名将资产评估机构分为"六大"和"非六大"。以上市公司 i 是否选择"六大"资产评估机构为被解释变量，以除了公司 i 外行业中其他公司是否选择"六大"资产评估机构的平均值为解释变量。通过回归结果来看，上述改变并不改变本章结论。

表 4-10　　　　　　　　　稳健性检验 2

变量	(1) $Top6_{ijt}$	(2) $Top6_{ijt}$	(3) $Top6_{ijt}$	(4) $Top6_{ijt}$	(5) $Top6_{ijt}$
$\overline{TOP6}_{-ijt}$	0.943*** (6.57)	1.608*** (12.45)	0.653*** (3.63)	2.800*** (5.16)	1.501*** (4.58)
$\overline{TOP6}_{-ijt} \times HHI$		0.153*** (2.72)			
HHI		-0.036 (-1.18)			
$\overline{TOP6}_{-ijt} \times guoyou$			0.645*** (2.65)		
guoyou			-0.128 (-1.12)		
$\overline{TOP6}_{-ijt} \times market$				-0.260*** (-3.60)	
market				0.107*** (3.24)	

续表

变量	(1) $Top6_{ijt}$	(2) $Top6_{ijt}$	(3) $Top6_{ijt}$	(4) $Top6_{ijt}$	(5) $Top6_{ijt}$
$\overline{TOP6_{-ijt}} \times standard$					0.796**
					(2.33)
standard					-0.917***
					(-5.48)
board	-0.024	-0.034**	-0.027	-0.022	-0.017
	(-1.44)	(-2.25)	(-1.60)	(-1.32)	(-1.15)
indept	-0.794*	-0.712	-0.733	-0.785*	-0.405
	(-1.68)	(-1.63)	(-1.55)	(-1.65)	(-0.92)
size	0.029	-0.018	0.013	0.028	0.011
	(1.17)	(-0.62)	(0.51)	(1.13)	(0.50)
lev	-0.001	0.053	-0.005	-0.007	0.043
	(-0.01)	(0.37)	(-0.03)	(-0.05)	(0.30)
growth	-0.014	-0.001	-0.006	-0.009	-0.027
	(-0.40)	(-0.03)	(-0.18)	(-0.26)	(-0.81)
roa	0.486	0.078	0.588	0.486	0.231
	(0.86)	(0.15)	(1.03)	(0.86)	(0.44)
size_industry	-0.227	0.024	-0.163	-0.209	0.994***
	(-0.75)	(0.52)	(-0.54)	(-0.69)	(5.44)
lev_industry	-0.066	-0.070	-0.065	-0.070	-0.024
	(-0.22)	(-0.31)	(-0.22)	(-0.24)	(-0.09)
growth_industry	0.028**	0.016	0.027*	0.024*	-0.005
	(2.01)	(1.30)	(1.95)	(1.73)	(-0.40)
roa_industry	-0.843***	-0.574**	-0.885***	-0.796**	-0.276
	(-2.69)	(-2.23)	(-2.85)	(-2.57)	(-0.95)
Constant	3.448	-0.427	2.471	2.306	-21.981***
	(0.54)	(-0.52)	(0.39)	(0.36)	(-5.65)
Observations	4224	4224	4224	4224	4224
Pseudo R-squared	0.278	0.245	0.280	0.280	0.225
Log likelihood	-1868.156	-1952.883	-1862.054	-1860.949	-2004.961

注：***、**、*分别表示在1%、5%和10%水平上显著。

4.6 本章小结

本章从同行效应的角度对中国资产评估机构的选择进行了研究,以2011—2016年以并购重组为目的的资产评估选择为研究对象实证分析了中国资产评估机构的选择是否存在同行效应。研究结果发现:(1)资产评估机构选择存在同行效应;(2)被评估公司所处的行业的产品市场竞争越激烈,同行公司信息披露增多,公司能获得更多资产评估机构的信息,扩充了公司对资产评估机构的认知,从而同行学习效应减少。同时,产品市场竞争越激烈,同行公司多元化经营程度加强,这可能会导致公司找不到合适的学习模仿案例,从而使同行学习效应减少;(3)被评估公司是国有企业时,政府对并购重组行为监督加强,高管行为受到更多的外部监管压力,从而促使国有企业高管更有可能发生模仿学习,从而使同行效应增强。同时,国有企业多为寡头行业,同行公司业务差异较小,这使得公司可获得更加合适的学习案例,进而使同行效应增强;(4)当被评估公司处于市场化程度高的地区,公司自愿信息披露度增强,进而公司能够通过同行公司披露的信息获得更多的资产评估机构信息,增加了对资产评估机构的认知,从而使同行效应减弱。(5)企业价值评估准则的出台规范了资产评估机构的行为,减少了资产评估机构与公司的合谋行为,同时,企业价值评估准则也能通过资产评估评估报告间接对公司起到监督作用,增加了公司外部规范压力,从而使同行效应增加。

本章的研究不仅具有丰富同行效应、资产评估和并购重组领域研究的理论贡献,还具有重要的现实启示作用:

首先,资产评估机构选择存在同行效应表明同行其他公司的资产评估机构选择对单个公司的选择具有影响,虽然这种影响可以帮助公司节约决策成本,但是可能会增强并购重组中的系统性风险,因此监管者在制定并购重组相关政策时,应考虑资产评估机构选择的同行效应,增强对并购重组中的系统性风险的监管,防止并购重组的风险向行业内其他公司传染。

其次,本章从行业竞争程度、企业产权、市场化程度三个角度研究了资产评估机构选择同行效应的内在机制，发现行业竞争程度、企业产权、市场化程度都会对资产评估机构同行效应产生影响，因此监管者应该加强对处于行业竞争平缓的公司、国有企业、处于地区市场化程度低的公司的选择行为的监督，以降低由同行效应导致的系统性风险。

此外，虽然同行效应有可能会造成并购重组中系统性风险，但是这种同行学习效应确实促进了公司节约决策成本，在一定程度上减少了企业在并购重组中决策风险。因此，公司应该重视同行效应对并购重组创造的正面影响，但是，同时也应该设计更加合理的决策方案，有效地控制系统性风险。

第5章 产品市场竞争与资产评估机构选择

5.1 问题提出

近年来,随着资本市场的持续发展和行业准入门槛的降低,产品市场竞争日益激烈。产品市场竞争成为监管部门、社会公众和国内外学者关注的热点问题。关于产品市场竞争对公司行为的影响,国内外学者进行了深刻的探讨。已有的文献主要涉及三方面:信息披露(Darrough 和 Stoughton,1990;Harris,1998;王雄元和刘焱,2008)、盈余管理(Sheifer,2004;Hou,2006)、代理成本(Hart,1983;Karuna,2007)。然而,由于信息披露、盈余管理和代理成本三者之间存在联动关系,产品市场竞争对信息披露、盈余管理和代理成本的影响的研究结果一直未达成一致结论。

但是,中介机构作为资本市场的重要参与者之一,却鲜有学者关注其是否会受到产品市场竞争的影响。已有研究中,一部分学者研究了产品市场竞争与审计费用之间的关系(Wang,2010;Leventis 等,2011;邢立全和陈汉文，2013）。另一部分学者研究了产品市场竞争与内控审计师选择之间的关系（徐玉德和韩彬，2017）。目前，国内外还没有专门探讨产品市场竞争对资产评估机构影响的相关文献。

除了公司内部影响因素外，公司外部环境也是影响中介机构选择行为的重要因素之一。有学者提出信息披露水平、代理成本、交易成本都会对审计师选择产生影响（Francis 和 Wilson，1988；Myers，1984；洪金明等，2011）。那么信息披露水平、代理成本和交易成本也有可能对资产评估机构选择产生影响。通过前人的文献，我们可知，产品市场竞争信息机制和治理机制是信息披露水平、代理成本、交易成本的重要影响因素。因此，理论上，产品市场竞争有可能会通过信息披露水平、代理成本和交易成本间接地对资产评估机构选择产生影响。那么实际上，产品市场竞争是如何对资产评估机构选择产生影响的呢？在中国特色背景下，产品市场竞争与资产评估机构选择之间的关系又会发生什么变化呢？

基于此，本章选取以并购重组为目的资产评估相关数据为研究样本，实证检验了产品市场竞争与资产评估机构选择行为之间的关系，并结合中国特色背景，进一步探究了企业产权、股价同步性、H 股交叉上市、准则出台对产品市场竞争与资产评估机构选择行为之间的关系的影响。我们发现：(1) 产品市场竞争与资产评估机构选择显著负相关；(2) 被评估公司是国有企业，产品市场竞争与资产评估机构选择的负相关关系更弱；(3) 被评估公司是高股价同步性，产品市场竞争与资产评估机构选择的负相关更强；(4) 被评估公司是 H 股交叉上市公司，产品市场竞争与资产评估机构选择的负相关关系更弱；(5) 企业价值评估准则出台后，产品市场竞争与资产评估机构选择的负相关关系更弱。

本章的后续安排如下：第二部分是理论分析和提出相关假设；第三部分主要是介绍了研究样本、数据来源、变量定义和研究模型；第四部分是实证结果与分析；第五部分是稳健性检验；第六部分是本章小结。

5.2 研究假设

5.2.1 产品市场竞争与资产评估机构选择

上市公司作为一个资本市场的参与者，公司所处的行业环境深刻地影响着公司的行为和企业价值评估结果。那么行业特征是否会对资产评估机构选择行为产生影响？产品市场竞争是行业特征的重要衡量指标，因此本章考察产品市场竞争对资产评估机构选择的影响。

基于产品市场竞争对信息披露、盈余管理和代理成本的作用机制，本章认为，产品市场竞争从以下几个方面对资产评估机构选择产生影响，具体阐述如下：

一是产品市场竞争增强，公司信息披露水平和质量增强。产品市场竞争程度增大，出于保持行业优势地位或者阻止新对手进入市场的目的，公司会增加信息披露水平和信息披露质量（Darrough 和 Stoughton，1990；Harris，1998；王雄元和刘焱，2008）。因此，处于高竞争行业的公司有较高的信息披露水平和信息披露质量。洪金明等（2011）提出为了向投资者传递好信号和增强投资者对公司信息的信任度，信息披露质量高的公司更有动机去选择高质量的审计师。对选择资产评估机构而言，高质量的资产评估机构能够增强并购方对被评估公司的信息的依赖程度，更好地对被评估公司价值做出预测。如果信息披露程度高的公司选择低质量的资产评估机构有可能会向并购方传递坏信号，公司价值有可能存在被外界低估或者企业价值评估报告得不到外界的认证，从而使不利于并购重组行为的发生。因此，产品竞争程度高的公司有动机去选择高质量的资产评估机构。

二是产品市场竞争增强，公司治理效应提升，公司代理成本减少。在财务学领域，产品市场竞争被视为一种重要的外部公司治理机制。它能够有效地缓解公司的代理冲突，制约公司高管的谋私利行为（Hart，1983；Schmidt，1997）。公司代理成本减少，高管谋取私利行为减少，大股东侵占小股东利益的行为也减少，从而高管与资产评估机构发生合谋行为也减少。而且选择高质量的资产评估机构能够有效地降低并购双方的信息不对称程度,帮助公司更好地降低并购重组失败的风险。因此,产品竞争程度高的公司可能会有动机去选高质量的资产评估机构。

基于上述的分析,本章提出如下假设1a:

假设1a:产品市场竞争越激烈,越倾向于聘请高质量的资产评估机构。

三是产品市场竞争增强,公司专有成本增大。专有成本随着产品市场竞争增强而增加,因此,为了减少向竞争对手泄露更多专有信息,公司会选择减少自愿披露水平(Broad,2009)。相比于低质量的资产评估机构,高质量资产评估机构拥有更强的专业能力和实践经验,高质量资产评估机构出具的资产评估报告中含有更多的公司特质信息。如果处于竞争较激烈行业中的公司选择高质量的资产评估机构,资产评估报告有可能会泄露公司过多的特质信息,增强并购重组后的经营风险。因此,产品市场竞争程度高的公司也有可能为了减少未来的经营风险去选择低质量的资产评估机构。

四是产品市场竞争增强,公司盈余管理行为加强。产品市场竞争程度越强,出于减少专有成本、减少流动性风险以及增强股价估值的考虑,公司有很强的动机去发生正向盈余管理(Fan 和 Wang,2002;Hou,2006;陈骏和徐玉德,2011)。存在盈余管理公司有可能为了操纵会计利润,违反会计准则和违规变更会计方法。如果存在盈余管理的公司选择高质量的资产评估机构,公司的违规操作有可能会通过资产评估报告披露的信息中反映出来,从而导致并购重组行为失败。因此,产品市场竞争程度高的公司为了掩盖公司盈余管理行为,有动机选取低质量的资产评估机构。

基于上述的分析,本章提出如下假设1b:

假设1b:产品市场竞争越激烈,越不倾向于聘请高质量的资产评估机构。

5.2.2 企业产权的影响

企业产权一直以来都是中国学者、实务工作者关注的焦点。与民营企业不同,国有企业有复杂代理关系,承担更多的社会责任,例如经济稳定增长、就业、养老,政府还赋予国有企业管理层政治身份。鉴于这些差异，相比于民营企业，国有企业并购重组行为受到更强的政府监督和政府控制。那么企业产权会对产品市场竞争和资产评估机构选择之间的关系产生怎么样的影响呢？

第一，国有产权削弱了产品市场竞争对公司的治理效应，增强了产品市场竞争与资产评估机构选择之间的负相关关系。有学者提出，政府为了维护政府声誉，存在帮助公司掩盖公司业绩下降的事实（Piotroski 和 Wong，2011），然而这种行为也会掩盖高管谋取私利的行为和降低识别高管错误经营行为的可能性，从而增加了代理成本。因此，高管更有动机与资产评估机构发生合谋行为，选择低质量的资产评估机构，从而增强了产品市场竞争与资产评估机构选择之间的负相关关系。

第二，企业的国有身份给企业价值提供了隐形担保，增强了产品市场竞争与资产评估机构选择之间的负相关关系。王成方和刘慧龙（2014）提出相比于民营企业，政府为了维系国有企业的社会职能，政府会对出现经营问题和财务问题的国有企业进行救济，从而就对国有企业价值形成一种隐形担保。因此，对于并购相关方来说，这种隐形担保可以替代中介机构的保险功能和信号功能。因此，即使国有企业选择低质量的资产评估机构对并购重组结果影响并不大。综上，国有产权增强了产品市场竞争与资产评估机构选择之间的负相关关系。

基于上述的分析，本章提出如下假设2a：

假设2a：被评估公司是国有企业，产品市场竞争与资产评估机构选择的负相关关系更强。

第三，国有产权限制了企业自主选择行为，减弱了产品市场竞争与资产评估机构选择之间的负相关关系。有研究提出为了发挥国有企业的社会责任或者完成政府晋升目标，政府有很强烈的动机控制国有上市公司的并购重组行为（Li 和 Zhou，2005；潘红波等，2008；李增泉等，2005；Chen 等，2011），而且这些控制有可能会降低并购重组的效率（潘红波等，2011）。因此，政府也会有动机控制国有上市公司并购重组中选择资产评估机构的行为，政府有可能会选择与其有关联的资产评估机构，从而限制了国有企业高管自主选择的权利。龚启辉（2008）提出相对非关联的审计事务所，政府官员有可能基于"同事"情结选择曾经存在关联的审计师。与审计师选择行为类似，国有企业也有可能会选择曾经挂靠于国家单位的资产评估机构。然而中国排名前四的资产评估机构都曾经挂靠于国家单位，因此国有企业更有可能选择前"四大"资产评估机构，即国有企业更有可能选择高质量的资产评估机构，从而减弱了产品市场竞争与资产评估机构选择之间的负相关关系。

基于上述的分析，本章提出如下假设2b：

假设2b：被评估公司是国有企业，产品市场竞争与资产评估机构选择的负相关关系更弱。

5.2.3 股价同步性的影响

信息不对称问题不但可能会导致高管谋利行为和大股东掏空小股东的行为增多，而且也有可能导致并购方和投资者对公司的信任程度降低。因此，企业信息透明度可能会对产品市场竞争与资产评估机构选择行为之间的关系产生影响。而股价同步性是衡量企业信息透明度的重要指标之一。所以，本章研究股价同步性对资产评估机构的评估行为的同行效应的影响。

第一，股价同步性上升，企业信息透明度降低，增强了产品市场竞争与资产评估机构选择之间的负相关关系。黄俊和郭照蕊（2014）提出股价同步性上升，公司个体信息较少通过股价表现出来，从而导致企业信息透明度越低。如果高股价同步性公司选择高质量资产评估机构，有可能导致大量的公司特质信息泄露，增强公司并购重组后的经营风险。因此，公司更有可能选择低质量的资产评估机构，从而增强产品市场竞争与资产评估机构选择之间的负相关关系。

第二，股价同步性上升，代理成本增加，增强了产品市场竞争与资产评估机构选择之间的负相关关系。DeFond和Huang（2004）提出高股价同步性可能会降低识别业绩较差的高管和发现高管错误的经营行为的可能性。而且在过高的股价同步性和过低的信息披露下，证监会也不能通过股价来监督企业的行为，同时也降低了资产评估机构提供低质量的评估结果的诉讼风险和监管风险。高管更有动机与低质量的资产评估机构发生合谋行为。因此，高股价同步性会增强产品市场竞争与资产评估机构选择之间的负相关关系。

基于上述的分析，本章提出如下假设3：

假设3：被评估公司是高股价同步性，产品市场竞争与资产评估机构选择的负相关关系更强。

5.2.4 香港上市的影响

相对于内地资本市场，香港资本市场存在三个不同点，首先，香港上市条件极为严苛，很多公司无法在港上市；其次，香港资本市场拥有健全的、高国际认可度的法律法规体系；最后，它也拥有较好的投资者法律保护措施。

基于以上三点不同，一方面，处于产品市场竞争激烈行业的交叉上市公司需要承担更加严格的信息披露责任以及更加严格的监督。因此交叉上市公司有更高的信息披露质量（Weisbach 和 Reese，2002）。另一方面，港股市场具有健全的法律体系以及投资者保护措施，这有利于投资者降低监督成本、诉讼成本，也可以达到抑制大股东和高管在并购重组中谋求私利行为的作用。因此，处于产品市场竞争激烈行业的交叉上市公司，信息披露质量高，代理成本低，因此公司更有可能选择高质量的资产评估机构，从而减弱了产品市场竞争与资产评估机构选择的负相关关系。

基于上述的分析，本章提出如下假设4：

假设4：被评估公司是 H 股交叉上市公司，产品市场竞争与资产评估机构选择的负相关关系更弱。

5.2.5 评估准则出台的影响

相对于企业价值评估准则出台前，企业价值评估准则出台改善了资产评估机构评估环境，约束了资产评估机构的评估行为，增强了外部监管者对资产评估行业的关注度。那么企业价值评估准则的出台是否会影响产品市场竞争与资产评估机构选择之间的关系？

第一，企业价值评估准则的出台，规范了资产评估机构行为，减弱了产品市场竞争与资产评估机构选择的负相关关系。企业价值评估准则对资产评估机构评估行为的监管作用促使资产评估机构有更小的动机去跟公司发生合谋，因此减少公司与低质量资产评估机构合谋概率，从而减弱产品市场竞争与资产评估机构选择的负相关关系。

第二，企业价值评估准则的出台，间接地增强了公司并购重组行为的监督，减弱了产品市场竞争与资产评估机构选择的负相关关系。企业价值评估准则间接规范了公司并购重组行为，这意味着相对于企业价值评估准则出台前，公司并购重组行为受到更强的监督压力，因此，公司有强的动机去采取措施缓解外界的监管压力。戴亦一等（2013）提出上市公司更有可能通过变更高质量的审计师向外界传递好信号来缓解媒体监督带来的外部压力。综上，公司也有可能选择高质量的资产评估机构向监管部门传递好信号来缓解外界增强的监管压力，从而减弱了产品市场竞争与资产评估机构选择负相关关系。

基于上述的分析，本章提出如下假设5

假设5：企业价值评估准则出台后，产品市场竞争与资产评估机构选择的负相关关系更弱。

5.3 研究设计

5.3.1 样本选择与数据来源

由于资产评估协会从2011年开始披露资产评估机构综合排名，而股东大会出席率和四委设立情况数据在国泰安数据库中仅披露到2015年，因此本章选取2011—2015年上市公司并购重组为目的的资产评估机构数据为初始研究样本。并经过了如下样本处理过程：（1）剔除金融行业的上市公司；（2）剔除当年IPO的上市公司；（3）剔除数据缺失上市公司。最终本章获得3545条观测值。为了消除极端值对研究结果的影响，本章对所有连续变量按上下1%分位数采用Winsorize处理。本章中的上市公司数据均来自国泰安数据库，市场化程度数据来自樊纲和王小鲁（2016）编著的《中国市场化指数——各地区市场化相对进程报告》。

5.3.2 研究变量

（1）资产评估机构选择（$Top4_{ijt}$）

借鉴Francis和Yu（2009）对审计师选择的做法，本章将资产评估机构分为两类:"四大"资产评估机构和"非四大"资产评估机构。"四大"指中国资产评估协会出具的资产评估机构的综合排名前四位的资产评估机构。而"非四大"则指除了"四大"以外的资产评估机构。本章以上市公司 i 是否选择"四大"资产评估机构为被解释变量。如果第 t 年 j 行业的 i 公司选择了"四大"资产评估机构,则为 1;如果第 t 年 j 行业的 i 公司没有选择"四大"资产评估机构,则为 0。

(2) 行业竞争程度(HHI_{ijt})

借鉴邢立全和陈汉文(2013)的做法,本章选取赫芬达尔—赫希曼指数作为产品市场竞争的衡量指标。赫芬达尔—赫希曼指数(HHI)是行业内各公司营业收入占行业总营业收入比重的平方和,即 $HHI = \sum_{i=1}^{N}(\frac{S_i}{S})^2$,$N$ 为行业内上市公司数量;S_i 为公司当年营业收入;S 为同行业总营业收入。HHI 越接近 0,表明该行业内竞争越激烈。

(3) 企业产权($guoyou$)

借鉴李小荣和董红晔(2015)的做法,如果企业实际控制人是政府或者集体,则为 1;如果企业实际控制人不是政府或者集体,则为 0。

(4) 股价同步性

借鉴 Durnev 等(2003)、黄俊和郭照蕊(2014)的方法,运用如下模型:

$$RET_{it} = \alpha_0 + \alpha_1 \times MARET_t + \beta_1 \times INDRET_{it} + \varepsilon_{it} \quad (5-1)$$

$$SYNCH_i = ln(\frac{R_i^2}{1-R_i^2}) \quad (5-2)$$

其中,RET_{it} 为第 t 周公司 i 的股票收益率;$MARET_t$ 为第 t 周市场收益率;$INDRET_{it}$ 为第 t 周公司所在行业 j 的收益率,它是依照证监会 2012 年公布的行业分类标准以行业内各公司流通市值为权重加权平均计算得到;R_i^2 为模型的拟合优度。

(5) 香港上市(h_stock)

若公司在内地市场上市的同时也在香港市场上市,则虚拟变量 h_stock 取值为 1,若公司仅在内地市场上市则取值为 0。

(6) 评估准则出台($standard$)

虚拟变量,企业价值评估准则出台前,则为 0;企业价值评估准则出台后,则为1。

(7) 控制变量

根据徐玉德和韩彬(2017)、Fan 和 Wang(2005)、杜兴强和谭雪(2016)的文献,本章在回归模型中控制了如下变量:公司规模($size$)、公司负债(lev)、公司盈利能力(roa)、公司成长性($growth$)、股东大会出席率(att)、独董比例($indept$)、四委设立情况(fou)、高管薪酬(pay)、两职合一($dual$)、市场化程度($market$),此外,我们加入年度虚拟变量。具体变量定义参见表5-1。

表 5-1　　　　　　　　　　变量定义

变量名称	变量符号	变量描述
公司 i 的资产评估机构的选择	$Top4_{ijt}$	虚拟变量,如果第 t 年 j 行业的 i 公司选择了"四大"资产评估机构,则为1;如果第 t 年 j 行业的 i 公司没有选择"四大"资产评估机构,则为0。
赫芬达尔—赫希曼指数	HHI_{ijt}	产品市场竞争指数,用市场上所有企业的市场份额的平方和来表示。
企业产权	$guoyou$	虚拟变量,如果企业实际控制人是政府或者集体,则为1;如果企业实际控制人不是政府或者集体,则为0。
股价同步性	$synch$	股价同步性变量,依公司股票收益与市场、行业收益回归的 R^2 计算得到
香港上市	h_stock	虚拟变量,公司同时在内地和香港上市,则为1;公司仅在内地上市,则为0。
评估准则出台	$standard$	虚拟变量,企业价值评估准则出台前,则为0;企业价值评估准则出台后,则为1。
公司规模	$size$	年末资产总额的自然对数
公司负债	lev	公司总负债与总资产之比
公司盈利能力	roa	营业利润/年末净资产
公司成长性	$growth$	(本年主营业收入 − 上年主营业收入)/上年主营业收入
股东大会出席率	aat	年度股东大会出席比例
独董比例	$indept$	独立董事人数/董事会人数
四委设立情况	fou	董事会四大委员会设立个数
高管薪酬	pay	前三名高管薪酬之和取对数

续表

变量名称	变量符号	变量描述
两职合一	$dual$	虚拟变量，如果董事长和总经理是同一个人，则为1；如果董事长和总经理不是同一人，则为0。
市场化程度	$market$	公司注册地所在省份的市场化程度指数，来自《中国市场化指数——各地区市场化相对进程报告》

5.3.3 研究模型

借鉴徐玉德和韩彬（2017）的做法，我们构建 Probit 回归模型（5-3）来检验产品市场竞争对资产评估机构选择的影响。

$$Top4_{ijt} = \alpha + \beta_1 HHI_{ijt} + \beta_2 control1_{ijt} + \beta_3 \mu_t + \varepsilon_{ijt} \qquad (5-3)$$

为了检验企业产权对产品市场竞争和资产评估机构选择的关系的影响，本章加入交叉项（$guoyou \times HHI_{ijt}$），具体见模型（5-4）：

$$Top4_{ijt} = \alpha + \beta_1 HHI_{ijt} + \beta_2 HHI_{ijt} \times guoyou + \beta_3 guoyou + \beta_4 control_{ijt} + \beta_5 \mu_t + \varepsilon_{ijt} \qquad (5-4)$$

为了检验股价同步性对产品市场竞争和资产评估机构选择的关系的影响，本章加入交叉项（$synch \times HHI_{ijt}$），具体见模型（5-5）：

$$Top4_{ijt} = \alpha + \beta_1 HHI_{ijt} + \beta_2 HHI_{ijt} \times synch + \beta_3 synch + \beta_4 control_{ijt} + \beta_5 \mu_t + \varepsilon_{ijt} \qquad (5-5)$$

为了检验香港上市对产品市场竞争和资产评估机构选择的关系的影响，本章加入交叉项（$h\_stock \times HHI_{ijt}$），具体见模型（5-6）：

$$Top4_{ijt} = \alpha + \beta_1 HHI_{ijt} + \beta_2 HHI_{ijt} \times h\_stock + \beta_3 h\_stock + \beta_4 control_{ijt} + \beta_5 \mu_t + \varepsilon_{ijt} \qquad (5-6)$$

为了检验评估准则出台对产品市场竞争和资产评估机构选择的关系的影响，本章加入交叉项（$h\_stock \times HHI_{ijt}$），具体见模型（5-7）：

$$Top4_{ijt} = \alpha + \beta_1 HHI_{ijt} + \beta_2 HHI_{ijt} \times standard + \beta_3 standard + \beta_4 control_{ijt} + \beta_5 \mu_t + \varepsilon_{ijt} \qquad (5-7)$$

其中，其中下标 i、j、t 分别代表上市公司 i、第 j 个行业以及第 t 年。μ_t 表示年度效应，ε_{ijt} 表示公司 i 在第 t 年的扰动项。

5.4 实证结果与分析

5.4.1 描述性统计

表 5-2 为描述性统计结果。从中可以发现：资产评估机构选择变量（$Top4_{ijt}$）的平均值为 0.250，表明样本中大约有 25% 的公司选择了 "四大" 资产评估机构。产品市场竞争（HHI_{ijt}）的平均值为 0.981，中位数为 0.440，最小值为 0.005，最大值为 12.624，标准差为 1.679，说明我国大部分上市公司行业的产品竞争力比较激烈，但是行业之间差异较大，这与我国现实情况一致。企业产权（$guoyou$）的平均值 0.441，说明在样本公司中国有企业占比较高。股价同步性（$synch$）的均值为 -2.470，标准差 1.978，说明在样本中公司股价同步性较低，但是公司之间差异。H 股上市（h_stock）的均值 0.006，说明中国内地股票仅有较少一部分在香港上市。其他控制变量的描述性统计均在合理范围内，具体可参见表 5-2 所示。

表 5-2　主要变量描述性统计

变量	样本数	平均值	中位数	标准差	最小值	最大值
$Top4_{ijt}$	3545	0.250	0	0.433	0	1
HHI_{ijt}	3545	0.981	0.440	1.679	0.005	12.624
guoyou	3545	0.441	0	0.497	0	1
synch	3280	-2.470	-1.996	1.978	-19.759	0.997
h_stock	3545	0.006	0	0.079	0	1
stan	3545	0.937	1	0.243	0	1
lnsize	3545	21.885	21.822	1.245	18.878	26.019
lev	3545	0.494	0.505	0.228	0.049	1.038
growth	3545	0.196	0.079	0.760	-0.727	5.889
roa	3545	0.028	0.028	0.059	-0.206	0.190
market	3545	7.111	6.790	1.717	-0.300	9.950
fou	3545	3.824	4	0.503	0	4
indept	3545	0.378	0.364	0.062	0.25	0.714
dual	3545	0.192	0	0.394	0	1
aat	3545	47.121	47.990	17.891	0.31	100
pay	3545	14.155	14.149	0.740	10.699	17.302

表 5-3 相关系数矩阵表

变量	$Top4_{ijt}$	hhi	guoyou	synch	h_stock	stan	lnsize	lev	growth	roa	aat	indept	fou	pay	dual	market
$Top4_{ijt}$	1															
hhi	0.110***	1														
guoyou	-0.007	0.142***	1													
synch	0.003	-0.038**	0.079***	1												
h_stock	-0.012	0.077***	0.060***	-0.006	1											
stan	-0.016	0.026	-0.042**	-0.077***	0.006	1										
lnsize	0.027	0.447***	0.413***	0.155***	0.140***	0.023	1									
lev	0.009	0.104***	0.335***	0.047***	0.007	-0.030*	0.457***	1								
growth	0.027	-0.063***	-0.112***	-0.032*	-0.013	-0.133***	-0.044***	-0.021	1							
roa	0.004	0.095***	-0.107***	0.032*	0	-0.081***	-0.02	-0.405***	0.199***	1						
aat	0.058***	-0.052***	-0.150***	-0.073***	0.039**	-0.014	-0.017	-0.200***	0.064***	0.122***	1					
indept	0.044***	0.068***	0.060***	-0.042**	-0.019	0.043**	0.024	0.021	-0.003	-0.036**	0.01	1				
fou	-0.037**	-0.314***	0.076***	0.053***	0.013	-0.033**	-0.062***	0.005	0.003	-0.040**	0.054***	-0.099***	1			
pay	0.029*	0.196***	0.009	0.016	-0.030*	0.113***	0.290***	0.059***	-0.056***	0.067***	-0.011	-0.045***	-0.123***	1		
dual	0.038**	-0.053***	-0.211***	-0.012	-0.029*	0.047**	-0.147***	-0.157***	0.016	0.039**	0.090***	0.089***	0.011	-0.067***	1	
market	0.051***	-0.019	-0.137***	-0.061***	-0.030*	0.128***	-0.088***	-0.110***	0.036**	-0.064***	0.093***	0.007	-0.041**	0.040**	0.073***	1

注：括号内为 T 值，***、** 和 * 分别表示回归系数在 1%、5% 和 10% 水平显著。

表5-3是相关系数矩阵表,从中可以发现:(1)因变量($Top4_{ijt}$)与自变量(HHI_{ijt})在1%的水平上显著且正相关,表明公司i选择资产评估机构的行为会受到产品市场竞争影响。(2)从控制变量与因变量之间的相关系数和显著性看,股东大会出席率(aat)、独董比例($indept$)、四委设立情况(fou)、高管薪酬(pay)、两职合一($dual$)、市场化程度($market$)都与公司i资产评估机构选择($Top4_{ijt}$)显著相关。(3)从控制变量的相关系数看,所有变量之间的相关系数都小于0.5,因此,本研究基本上排除多重共线性对结果的影响。

5.4.2　Probit 回归结果分析

表5-4报告了产品市场竞争如何影响公司i的资产评估机构选择的回归结果,其中,第一、第二和第三列回归结果,HHI_{ijt}的系数分别是0.078、0.094、0.100,都在1%水平上显著,该结果说明两点:(1)产品市场竞争会对公司i的资产评估机构选择产生影响。(2)HHI_{ijt}越高,产品市场竞争越低,公司选择高质量的资产评估机构概率越大。由此验证了本章假设 H1b 的猜想。

其他变量回归结果,高管薪酬(pay)与公司i的资产评估机构选择成反比例关系,两职合一($dual$)与公司i的资产评估机构选择成正比例关系。这与徐玉德和韩彬(2017)不一致。造成不一致的原因有可能是,在不同企业产权下,高管薪酬激励产生的效果也不同,对于非国有企业来说,较高的薪酬报酬能够减少高管的寻租行为,从而使代理成本减少(唐松和孙铮,2014),从而促进企业更有可能选择高质量的资产评估机构,但是对于国有企业来说,薪酬报酬对高管行为并不能产生作用,政治关联破坏了这种激励机制(唐松和孙铮,2014),因此,国有企业高管更有可能根据政府的要求选取资产评估机构。所以高管薪酬与资产评估机构选择有可能存在反比例关系。虽然两职合一能促进高管权力的增强,但是也有可能将高管利益与公司利益相连接,因此,两职合一有可能会增强高管对公司的管理效率,从而促进公司更有可能选择高质量的资产评估机构。其他结果都跟徐玉德和韩彬(2017)、杜兴强和谭雪(2016)、Fan 和 Wang(2005)保持一致。

第 5 章
产品市场竞争与资产评估机构选择

表 5-4　　产品市场竞争对资产评估机构选择的影响

VARIABLES	(1) $Top4_{ijt}$	(2) $Top4_{ijt}$	(3) $Top4_{ijt}$
HHI_{ijt}	0.078***	0.094***	0.100***
	(6.15)	(6.23)	(5.99)
size		-0.039*	-0.067**
		(-1.72)	(-2.44)
lev			0.338**
			(2.35)
growth			0.078**
			(2.28)
roa			-0.303
			(-0.61)
aat			0.006***
			(4.06)
indept			0.791**
			(1.98)
fou			-0.023
			(-0.42)
pay			-0.001
			(-0.04)
dual			0.096
			(1.52)
market			0.011
			(0.74)
Constant	-0.755***	0.168	0.004
	(-28.43)	(0.34)	(0.01)
Year Fixed Effect	no	yes	yes
Observations	3545	3545	3545
Pseudo R-Squared	0.010	0.128	0.137
Log likelihood	-1975.342	-1739.586	-1721.487

注：括号内为 Z 值，***、**和*分别表示回归系数在 1%、5% 和 10% 水平显著。

表 5-5 进一步考察了企业产权对产品市场竞争与资产评估机构选择的关系的影响,从第一列、第二列、第三列的回归结果来看,交叉项($HHI_{ijt} \times guoyou$)的系数为 -0.077、-0.119、-0.137,显著程度达到 1%。这表明,国有企业能减弱产品市场竞争对资产评估机构选择的影响,从而支持假设 H2b。对此的解释是,政府干预限制了企业的自主选择行为,政府官员有可能基于"同事"情结选择曾经挂靠于国家单位的"四大"资产评估机构,由此国有企业更有可能会选取高质量的资产评估机构,从而减弱了产品市场竞争与资产评估机构选择之间的负相关关系。

表 5-5　　　　　　　　　　企业产权的影响

VARIABLES	(1) $Top4_{ijt}$	(2) $Top4_{ijt}$	(3) $Top4_{ijt}$
HHI_{ijt}	0.136***	0.168***	0.217***
	(6.34)	(7.19)	(7.49)
$HHI_{ijt} \times guoyou$	-0.077***	-0.119***	-0.137***
	(-3.32)	(-4.76)	(-5.01)
guoyou	0.017	0.135**	0.263***
	(0.32)	(2.38)	(4.01)
size			-0.098***
			(-3.35)
lev			0.285**
			(1.98)
growth			0.092***
			(2.65)
roa			-0.496
			(-0.99)
aat			0.006***
			(4.31)
indept			0.505
			(1.25)
fou			0.082
			(1.38)

续表

VARIABLES	(1) $Top4_{ijt}$	(2) $Top4_{ijt}$	(3) $Top4_{ijt}$
pay			0.019
			(0.53)
dual			0.130**
			(2.03)
market			0.016
			(1.05)
Constant	-0.774***	-0.746***	-0.102
	(-22.12)	(-7.83)	(-0.14)
Year Fixed Effect	no	yes	yes
Observations	3545	3545	3545
Pseudo R-Squared	0.013	0.133	0.145
Log likelihood	-1968.690	-1728.750	-1705.988

注：括号内为 Z 值，***、**和*分别表示回归系数在1%、5%和10%水平显著。

表5-6进一步考察了股价同步性对产品市场竞争与资产评估机构选择关系的影响，从第一列、第二列、第三列的回归结果来看，交叉项（$HHI_{ijt} \times synch$）的系数为0.010、0.025、0.023，其中回归（2）和（3）显著程度达到1%。表明股价同步性能促进产品市场竞争与资产评估机构选择之间的负相关关系，从而支持假设H3。对此的解释是，一方面，随着股价同步性上升，公司信息披露水平下降，公司特质信息披露过少，公司选择高质量的评估机构有可能导致特质信息泄露过多，增加并购重组后的经营风险。另一方面，随着股价同步性上升，高管违规行为不容易被识别，高管与低质量的资产评估机构发生合谋的动机增大。因此，股价同步性高的企业更有可能选择低质量的资产评估机构，从而增强了产品市场竞争与资产评估机构选择之间的负相关关系。

表 5-6 股价同步性的影响

VARIABLES	(1) $Top4_{ijt}$	(2) $Top4_{ijt}$	(3) $Top4_{ijt}$
HHI_{ijt}	0.116***	0.164***	0.176***
	(4.13)	(5.38)	(5.21)
$HHI_{ijt} \times synch$	0.010	0.025***	0.023***
	(1.33)	(3.05)	(2.83)
synch	−0.005	−0.076***	−0.064***
	(−0.32)	(−4.29)	(−3.57)
size			−0.063**
			(−2.06)
lev			0.336**
			(2.11)
growth			0.071**
			(2.00)
roa			−0.566
			(−1.02)
aat			0.005***
			(3.52)
indept			1.024**
			(2.44)
fou			−0.036
			(−0.63)
pay			−0.005
			(−0.13)
dual			0.116*
			(1.75)
market			0.006
			(0.41)
Constant	−0.776***	−0.836***	−0.146
	(−16.55)	(−8.30)	(−0.19)
Year Fixed Effect	no	yes	yes

续表

VARIABLES	(1) $Top4_{ijt}$	(2) $Top4_{ijt}$	(3) $Top4_{ijt}$
Observations	3280	3280	3280
Pseudo R-Squared	0.012	0.146	0.155
Log likelihood	-1829.715	-1581.448	-1563.310

注：（1）剔除每年不足30个周收益观测值的上市公司样本；（2）括号内为Z值，***、**和*分别表示回归系数在1%、5%和10%水平显著。

表5-7进一步考察了香港交叉上市对产品市场竞争与资产评估机构选择的关系的影响，从第一列、第二列、第三列的回归结果来看，交叉项（$HHI_{ijt} \times h\_stock$）的系数为-3.358、-3.553、-3.728，显著程度达到10%，表明香港交叉上市能减弱产品市场竞争与资产评估机构选择之间的负相关关系，从而支持假设H4。对此的解释是，香港交叉上市公司有更强的信息披露水平和更低的代理成本，因此交叉上市公司更有可能选择高质量的资产评估机构，从而减弱产品市场竞争与资产评估机构选择之间的负相关关系。

表5-7　　　　　　　　香港上市的影响

VARIABLES	(1) $Top4_{ijt}$	(2) $Top4_{ijt}$	(3) $Top4_{ijt}$
HHI_{ijt}	0.082***	0.086***	0.105***
	(6.39)	(6.38)	(6.21)
$HHI_{ijt} \times h\_stock$	-3.358*	-3.553*	-3.728*
	(-1.82)	(-1.79)	(-1.87)
h_stock	3.965**	4.194*	4.474**
	(2.01)	(1.90)	(2.00)
size			-0.063**
			(-2.28)
lev			0.314**
			(2.18)
growth			0.078**
			(2.26)

续表

VARIABLES	(1) $Top4_{ijt}$	(2) $Top4_{ijt}$	(3) $Top4_{ijt}$
roa			-0.298
			(-0.60)
aat			0.006***
			(4.19)
indept			0.805**
			(2.01)
fou			-0.014
			(-0.26)
pay			-0.008
			(-0.22)
dual			0.096
			(1.52)
market			0.009
			(0.57)
Constant	-0.757***	-0.671***	-0.018
	(-28.44)	(-7.42)	(-0.03)
Year Fixed Effect	no	yes	yes
Observations	3545	3545	3545
Pseudo R-Squared	0.014	0.131	0.140
Log likelihood	-1967.249	-1733.721	-1714.284

注：括号内为 Z 值，***、**和 * 分别表示回归系数在1%、5%和10%水平显著。

表5-8进一步考察了企业价值评估准则出台对产品市场竞争与资产评估机构选择关系的影响，从第一列、第二列、第三列的回归结果来看，交叉项（$HHI_{ijt} \times standard$）的系数为 -0.149、-0.147、-0.166，其中回归（1）和（3）显著程度达到10%。表明评估准则出台能减弱产品市场竞争与资产评估机构选择之间的负相关关系，从而支持假设 H5。说明，评估准则出台后，一方面，规范了资产评估机构，减少了低质量的资产评估机构与公司合谋的概率；另一方面，增强公司并购重组行为的外部监督，公司有可能会选择高质量的资产评估机构来缓解外部监管压力，因此企业价值评估准则出台后，减弱了产品市场竞争与资产评估机构选择的关系。

表 5-8　　　　　　　　　　评估准则出台的影响

VARIABLES	(1) $Top4_{ijt}$	(2) $Top4_{ijt}$	(3) $Top4_{ijt}$
HHI_{ijt}	0.225**	0.225**	0.263***
	(2.54)	(2.54)	(2.82)
$HHI_{ijt} \times standard$	-0.149*	-0.147	-0.166*
	(-1.67)	(-1.64)	(-1.78)
standard	0.027	0.283**	0.331**
	(0.22)	(2.28)	(2.52)
size			-0.071***
			(-2.59)
lev			0.347**
			(2.41)
growth			0.075**
			(2.19)
roa			-0.296
			(-0.59)
aat			0.006***
			(4.11)
indept			0.790**
			(1.97)
fou			-0.025
			(-0.46)
pay			-0.004
			(-0.11)
dual			0.094
			(1.50)
market			0.009
			(0.62)
Constant	-0.785***	-0.785***	0.012
	(-6.66)	(-6.67)	(0.02)
Year Fixed Effect	no	yes	yes

续表

VARIABLES	(1) $Top4_{ijt}$	(2) $Top4_{ijt}$	(3) $Top4_{ijt}$
Observations	3545	3545	3545
Pseudo R – Squared	0.011	0.128	0.138
Log likelihood	-1973.256	-1739.644	-1719.797

注：括号内为 Z 值，***、** 和 * 分别表示回归系数在 1%、5% 和 10% 水平显著。
资料来源：本章计算整理。

5.5 稳健性检验

为了使本章的结论更为稳健，本章进行了两项稳健性检验。

第一，改变资产评估机构选择的衡量方式，按照中国资产评估协会公布的资产评估机构的综合排名将资产评估机构分为"八大"和"非八大"资产评估机构。以上市公司 i 是否选择"八大"资产评估机构为被解释变量。通过表 5-9 报告的 probit 回归结果可以发现，上述改变并没有改变本章的结论。

表 5-9　　　　　　　　稳健性检验（1）

VARIABLES	(1) $Top4_{ijt}$	(2) $Top4_{ijt}$	(3) $Top4_{ijt}$	(4) $Top4_{ijt}$	(5) $Top4_{ijt}$
HHI_{ijt}	0.089*** (5.36)	0.196*** (6.87)	0.167*** (4.99)	0.092*** (5.55)	0.268*** (2.91)
$HHI_{ijt} \times guoyou$		-0.125*** (-4.70)			
$guoyou$		0.236*** (3.73)			
$HHI_{ijt} \times synch$			0.022*** (2.69)		

续表

VARIABLES	(1) $Top4_{ijt}$	(2) $Top4_{ijt}$	(3) $Top4_{ijt}$	(4) $Top4_{ijt}$	(5) $Top4_{ijt}$
synch			-0.057*** (-3.25)		
$HHI_{ijt} \times h\_stock$				-0.404** (-2.13)	
h_stock				1.501** (2.54)	
$HHI_{ijt} \times standard$					-0.182** (-1.98)
standard					0.498*** (3.99)
size	-0.121*** (-4.57)	-0.149*** (-5.28)	-0.109*** (-3.67)	-0.125*** (-4.70)	-0.126*** (-4.73)
lev	0.239* (1.72)	0.195 (1.40)	0.185 (1.20)	0.241* (1.73)	0.247* (1.78)
growth	0.126*** (3.64)	0.138*** (3.98)	0.138*** (3.79)	0.126*** (3.64)	0.123*** (3.54)
roa	-0.217 (-0.45)	-0.383 (-0.79)	-0.686 (-1.27)	-0.197 (-0.41)	-0.209 (-0.43)
aat	0.006*** (4.34)	0.006*** (4.58)	0.006*** (4.05)	0.006*** (4.32)	0.006*** (4.39)
indept	0.232 (0.59)	-0.013 (-0.03)	0.517 (1.26)	0.265 (0.68)	0.228 (0.58)
fou	-0.078 (-1.50)	0.012 (0.22)	-0.062 (-1.12)	-0.072 (-1.37)	-0.080 (-1.53)
pay	0.056 (1.60)	0.073** (2.08)	0.033 (0.91)	0.056 (1.59)	0.054 (1.53)
dual	0.160*** (2.62)	0.190*** (3.07)	0.169*** (2.60)	0.164*** (2.68)	0.159*** (2.59)
market	-0.017 (-1.15)	-0.013 (-0.88)	-0.022 (-1.47)	-0.018 (-1.21)	-0.019 (-1.29)

续表

VARIABLES	(1) Top4$_{ijt}$	(2) Top4$_{ijt}$	(3) Top4$_{ijt}$	(4) Top4$_{ijt}$	(5) Top4$_{ijt}$
Constant	1.239*	1.174*	1.066	1.292*	1.248*
	(1.79)	(1.65)	(1.41)	(1.87)	(1.81)
Year Fixed Effect	yes	yes	yes	yes	yes
Observations	3545	3545	3280	3545	3545
Pseudo R - Squared	0.182	0.188	0.201	0.184	0.183
Log likelihood	-1867.913	-1854.418	-1680.549	-1864.066	-1865.789

注：(1) 剔除每年不足30个周收益观测值的上市公司样本；(2) 括号内为Z值，***、**和*分别表示回归系数在1%、5%和10%水平显著。

第二，借鉴邢立全和陈汉文（2013）的做法，采用行业内上市公司数量的对数值（lnn）替代赫芬达尔—赫希曼指数作为解释变量。通过表5-10报告的回归结果发现，lnn越高，产品市场竞争越激烈，公司越有可能选择低质量的资产评估机构。可见，上述改变并没有改变本章的结论。

表5-10　　　　　稳健性检验（2）

VARIABLES	(1) Top4$_{ijt}$	(2) Top4$_{ijt}$	(3) Top4$_{ijt}$
lnn	-0.034	-0.053**	-0.060**
	(-1.58)	(-2.27)	(-2.47)
lnsize			0.002
			(0.10)
lev			0.226
			(1.58)
growth			0.071**
			(2.07)
roa			-0.115
			(-0.23)
aat			0.006***
			(3.83)

续表

VARIABLES	(1) $Top4_{ijt}$	(2) $Top4_{ijt}$	(1) $Top4_{ijt}$
$indept$			0.924**
			(2.33)
fou			-0.135***
			(-2.79)
pay			0.015
			(0.42)
$dual$			0.097
			(1.53)
$market$			0.010
			(0.68)
Constant			-0.917
			(-1.34)
Year Fixed Effect	no	yes	yes
Observations	3545	3545	3545
Pseudo R-Squared	0.001	0.006	0.130
Log likelihood	-1993.050	-1757.524	-1736.304

注：括号内为 Z 值，***、**和*分别表示回归系数在 1%、5%和 10%水平显著。

5.6 本章小结

本章研究了产品市场竞争与资产评估机构选择的关系，并考察了产权性质、股价同步性、香港交叉上市、企业价值评估准则出台对产品市场竞争与资产评估机构选择的关系的影响。本章以 2011—2015 年以并购重组为目的的资产评估相关数据为研究样本，实证结果发现：（1）产品市场竞争与资产评估机构选择显著负相关；（2）被评估公司是国有企业，国有产权限制了企业高管自主选择资产评估机构的行为，政府有可能会选择与其曾经存在"同事"情结的资产评估机构,因此产品市场竞争与资产评估机构选择的负相关关系更弱;(3)被评估公司是高股价同步性,一方面,高股价同步性掩盖了公司的特质信息,公司有可能存在为了避免大量的特质信息泄露,选择低质量的资产评估机构。另一方面,高股价同步性有可能会掩盖高管的合谋行为,促进高管与低质量的资产评估机构的合谋行为,因此,产品市场竞争与资产评估机构选择的负相关关系更强;(4)被评估公司是H股交叉上市公司,H股交叉上市公司有更强的信息披露水平和更低的代理成本,从而产品市场竞争与资产评估机构选择的负相关关系更弱;(5)企业价值评估准则出台后,一方面,规范了资产评估机构的行为,减少低质量的资产评估机构与公司合谋概率。另一方面增大了公司并购重组行为监管压力,公司有可能为了缓解监管压力选择高质量的资产评估机构,因此,产品市场竞争与资产评估机构选择的负相关关系更弱。

本章的研究除了丰富了产品市场竞争和资产评估机构选择的研究文献,还具有重要的现实启示:

第一,产品市场竞争与资产评估机构选择存在负相关关系。说明在我国转型经济市场背景下,由于我国法律保护环境和资本市场发展不完善,产品市场竞争的治理机制并没有发挥作用。因此,监管者应该通过加强法律法规的建设、减少政府干预等手段,以促进产品市场竞争的治理作用的发挥。

第二,本章从企业产权、股价同步性、香港交叉上市和评估准则出台四个角度分析了产品市场竞争和资产评估机构选择的关系,发现企业产权、股价同步性、香港交叉上市和评估准则出台都会对产品市场竞争与资产评估机构选择关系产生影响。其中我们发现,国有企业更有可能选择高质量的资产评估机构,但是这种选择有可能是基于"同事"情结的关联选择。因此监管者应该加强对国有企业和股价同步高的公司的监督,以减少并购重组中风险性。

第6章 供应商客户关系与资产评估机构选择

6.1 问题提出

在日益竞争激烈的资本市场上,供应商和客户作为公司的利益相关者被人们所重视。波特(1979)首次提出供应商客户关系对公司经营策略的重要性,从此拉开了供应商客户关系研究的序幕,国内外学者对供应商客户关系进行了深刻的探讨。已有文献主要涉及三方面:经营策略(Lee 和 Rosenalatt,1986;Dowlatshahi,1999)、企业风险(Titman 和 Wessels,1988;Dhaliwal 等,2016)和企业业绩(Cornell 和 Shapiro,1987;Albuquerque 等,2011)。另外还有一部分学者研究了供应商客户关系对中介机构的作用。

就中介机构角度而言,张敏等(2012)发现供应商客户关系与公司聘请审计师之间存在关系。林钟高等(2014)提出供应商客户关系型交易增加了公司选择本地小型会计师事务所的概率。但是就资产评估机构选择而言,我们还是存在了解不足。那么理论上,供应商客户关系是否会对资产评估机构选择产生影响呢？

通过前人的文献，我们发现，供应商和客户关系会影响经营策略、企业风险和企业业绩，具体而言，供应商和客户关系会显著地影响着公司经营风险和代理成本（Dhaliwal等，2016；Albuquerque等，2011）。当公司拥有较高的供应商和客户集中度时，公司经营风险较大，公司有可能存在为了提高并购重组的成功率而掩盖公司信息的风险。然而高质量的资产评估机构出具的资产评估报告有可能会披露更多的公司信息，因此公司选择高质量的资产评估机构的概率会降低。但是当公司拥有较高的供应商和客户集中度时，大供应商和大客户会更有动机去监督公司高管行为，以减少交易过程中的风险，故代理成本减少。而在代理成本减少的情况下，公司高管与低质量资产评估机构发生合谋的概率也会减少，故公司选择高质量的资产评估机构的概率会增加。由此基于以上分析，供应商客户关系对资产评估机构选择行为有可能会存在影响。

基于此，本章选取2011—2016年我国以并购重组为目的的资产评估相关数据为研究样本，实证检验了供应商客户关系与资产评估机构选择之间的关系。并结合中国特色背景，进一步探究了企业产权、股价同步性、CEO持股、四大会计师事务所审计以及产品市场发育程度对供应商客户关系与资产评估机构选择之间的关系的影响。本章发现：（1）供应商集中度与资产评估机构选择之间存在倒"U"形关系，而客户集中度与资产评估机构选择之间存在线性负相关关系。（2）被评估公司是国有企业时，供应商集中度与资产评估机构选择之间的倒"U"形关系更强，客户集中度与资产评估机构选择的负相关关系更强。（3）被评估公司的股价同步性较低时，客户集中度与资产评估机构选择的负相关关系更强。而被评估公司的股价同步性越高，供应商集中度与资产评估机构选择之间的倒"U"形关系更强。（4）被评估公司的CEO持股比例较低时，客户集中度与资产评估机构选择的负相关关系更强，供应商集中度与资产评估机构选择之间的倒"U"形关系更强。（5）被评估公司是四大会计师事务所审计时，对供应商客户集中度与资产评估机构选择之间的关系影响不大。（6）被评估公司处于产品市场发育程度较高的地区时，客户集中度与资产评估机构选择的负相关关系更强，但是产品市场发育程度对供应商集中度与资产评估机构选择之间的关系影响不大。

第6章 供应商客户关系与资产评估机构选择

本章的后续部分安排如下：6.2 节是研究假设；6.3 节是研究设计；6.4 节是实证结果与分析；6.5 节是稳健性检验；6.6 节是拓展性检验；6.7 节是本章小结。

6.2 研究假设

6.2.1 供应商客户关系与资产评估机构选择

根据相关理论研究和文献，本章认为供应商客户关系对资产评估机构选择存在影响，具体阐述如下：

供应商和客户集中度增加，公司风险增加，公司更倾向于选择低质量的资产评估机构。有学者提出大客户关系破裂或者需求波动严重影响公司的财务状况，因此供应商和客户集中度增加了公司经营风险（Titman 和 Wessels，1988；Albuquerque 等，2011；Becchetti 和 Sierra，2003）。而且在债券说明书和年度会计报告等公司文件中，客户集中度通常也被称为一种操作风险。因此我们认为拥有高供应商集中度或者高客户集中度的公司通常拥有较高的公司风险。相比低质量的资产评估机构，高质量的资产评估机构所披露资产评估报告能够更好地预测公司的风险。如果风险较大的公司选择高质量的资产评估机构，那么市场和投资者有可能通过资产评估报告披露的信息发现公司的风险点，增强了供应商客户关系的破裂概率，从而减少了并购重组中公司的绩效，增强了并购重组项目失败的风险性。因此，供应商集中度和客户集中度增加，公司更倾向于选择低质量的资产评估机构。

基于上述分析，本章提出如下假设 1：

假设 1：供应商集中度或者客户集中度越高，越倾向于聘请低质量的资产评估机构。

6.2.2 企业产权的影响

与国外资本市场不同，企业产权一直是我国资本市场的特色，因此企业产权一直是国内外学者研究中国资本市场所关注的重点问题。与民营企业不同，国有企业有复杂代理关系，承担更多的社会责任，例如经济稳定增长、就业、养老，政府还赋予国有企业管理层政治身份。鉴于这些差异，相比于民营企业，国有企业并购重组行为受到更强的政府监督和政府控制。那么企业产权会对供应商客户关系和资产评估机构选择之间关系产生怎么样的影响呢？

第一，国有股权比例增强，公司代理成本增加，供应商集中度或客户集中度与公司聘请高质量资产评估机构进行评估的概率之间负相关关系更强。有学者发现，国有股权增加政府干预程度，因此政府存在为了维护政府的声誉掩盖公司业绩下降的行为（Piotroski 和 Wong，2011）。然而这种行为通常也会掩盖公司高管的错误行为和谋取私利。所以国有股权增加了公司代理成本，减弱了供应商客户集中度对公司代理成本的影响，从而国有股权增大会增强供应商集中度或客户集中度与公司聘请高质量资产评估机构进行评估的概率之间的负相关关系。

基于上述分析，本章提出如下假设 2a：

假设 2a：被评估公司国有股比例增大时，供应商集中度或客户集中度与公司聘请高质量资产评估机构进行评估的概率之间的负相关关系更强。

第二，国有股权比例增强，公司融资成本降低，供应商集中度或客户集中度与公司聘请高质量资产评估机构进行评估的概率之间负相关关系更弱。有学者认为，在中国，政府掌握了大部分的社会资源以及资源分配权，因此，国有股东能够帮助存在政治关联的公司获得更多融资和资源（王成方和刘慧龙，2014；于蔚等，2012），例如国有企业在银行获得优待（Brandt 和 Li，2003）、存在政治关联的企业获得优先上市资格（Wang等，2008；于蔚等，2012）等。因此，国有股权增强公司融资成本。Dhaliwal 等（2015）提出客户集中度越高，公司融资成本越高，从而公司经营风险增强。故国有股权减弱了客户集中度对公司风险的影响，进而减弱供应商集中度或客户集中度与公司聘请高质量资产评估机构进行评估的概率之间的负相关关系。

基于上述分析，本章提出如下假设 2b：

假设 2b：被评估公司国有股比例增大时，供应商集中度或客户集中度与公司聘请高质量资产评估机构进行评估的概率之间负相关关系更弱。

6.2.3 企业信息透明度的影响

信息不对称虽然能够帮助供应商或者客户获取更多的利益,但是更有可能导致供应商客户关系破裂。因此企业信息透明度是影响供应商客户关系的重要因素之一。而股价同步性作为衡量企业信息透明度的重要标志,那么股价同步性是否会对供应商集中度或者客户集中度与公司聘请高质量的资产评估机构进行评估的概率之间的负相关关系产生影响。

首先,股价同步性越低,信息效率降低、会计稳健性减少,供应商集中度或客户集中度与公司聘请高质量资产评估机构进行评估的概率之间负相关关系更强。有学者认为在中国新兴市场,由于公司个体信息相对较少,因此"噪音"所引发的非理性行为是影响股价同步性的主要影响(王亚平等,2009)。Teoh等(2008)发现股价同步性越低的公司,其应计异象、盈余公告后飘移等现象增多。金智(2010)提出因为"噪音"的存在,所以会计信息质量与股价同步性成正比例关系。因此,在新兴市场中,股价同步性越低,信息效率越低,会计稳健性越差。如果会计稳健性较差的公司选择高质量的资产评估机构,那么资产评估报告有可能披露公司较多会计信息,这既可能导致供应商和客户关系的破裂的概率增大,也有可能导致并购重组行为失败。故股价同步性越低,公司越有可能选择低质量资产评估机构。

基于上述分析,本章提出如下假设3a:

假设3a:被评估公司有较低股价同步性时,供应商集中度或客户集中度与公司聘请高质量资产评估机构进行评估的概率之间负相关关系更强。

其次,股价同步性越低,企业信息透明度增加,供应商集中度或客户集中度与公司聘请高质量资产评估机构进行评估的概率之间负相关关系更弱。有学者提出市场参与者可以通过市场获得越多公司特质信息(Hutton等,2009)时,公司股价同步性越低。因此,供应商或者客户能够获得公司特质信息,供应商客户之间的信息不对称度减小,供应商客户关系更加紧密。换句话说,供应商或客户与公司关系破裂的概率减少,从而股价同步性越低,企业风险越低。由上文可知,企业风险越高,越倾向于选择低质量的资产评估机构。综上所述,股价同步性越低,供应商集中度或客户集中度与公司聘请高质量资产评估机构进行评估的概率之间负相关关系更弱。

最后,股价同步性越低,代理成本越低,供应商集中度或客户集中度与公司聘请高质量资产评估机构进行评估的概率之间负相关关系更弱。有研究提出,高股价同步性容易掩盖高管的违规行为,增加公司的代理成本(DeFond 和 Hung,2004)。因此低股价同步性的公司,代理成本越低。由上文可知,代理成本越低,越没有可能聘请高质量资产评估机构。综上所述,股价同步性越低,供应商集中度或客户集中度与公司聘请高质量资产评估机构进行评估的概率之间负相关关系更弱。

基于上述分析,本章提出如下假设 3b:

假设 3b:被评估公司有较低股价同步性时,供应商集中度或客户集中度与公司聘请高质量资产评估机构进行评估的概率之间负相关关系更弱。

6.2.4 公司治理环境的影响

众所周知,公司治理环境是影响公司代理成本和公司风险的直接因素。大量的学者探究了公司治理环境与审计师的选择问题。那么公司治理环境是否会对资产评估机构的选择产生影响呢,本章重点探讨 CEO 持股比例对供应商集中度或客户集中度与公司聘请高质量资产评估机构行为进行评估的概率之间的关系的影响。具体阐述如下:

CEO 持股比例较低,代理成本上升,供应商集中度或客户集中度与公司聘请高质量资产评估机构进行评估的概率之间负相关关系更强。Jensen 和 Mecking(1976)认为高管持股可以替代高质量的审计师有效地缓解股东与管理者之间的代理问题。Morck 等(1988)发现高管持股可以促进高管利益与股东利益趋于一致。因此,当 CEO 持股比例较低时,公司代理成本较高,高管为了隐藏谋求私利的行为会更加倾向于选择低质量的资产评估机构,故供应商集中度或者客户集中度与公司聘请高质量资产评估机构进行评估的概率之间负相关关系更强。

基于上述的分析,本章提出如下假设 4:

假设 4:被评估公司 CEO 持股比例较低时,供应商集中度或客户集中度与公司聘请高质量资产评估机构进行评估的概率之间负相关关系更强。

6.2.5 外部环境治理的影响

随着我国资本市场的发展，市场化进程不断推进，资本市场外部治理环境不断改善。外部环境治理已经成为公司治理中的重要组成部分。因此本章考虑了四大会计师事务所和产品市场发育程度对供应商集中度或客户集中度与公司聘请高质量资产评估机构进行评估的概率之间的关系的影响。

首先，四大会计师事务所审计减少了公司的代理成本，供应商集中度或客户集中度与公司聘请高质量资产评估机构进行评估的概率之间负相关关系更弱。有学者提出代理成本越高，公司聘请高质量的会计师事务所的概率增加（Firth 和 Smith，1992；孙铮和于旭辉，2007），因此聘请四大会计师事务所进行审计能减少公司的代理成本。公司代理成本减少，高管与低质量的资产评估机构的合谋减少，从而导致公司更有可能选取高质量的资产评估机构。

基于上述分析，本章提出如下假设5：

假设5：被评估公司聘请四大会计师事务所时，供应商集中度或客户集中度与公司聘请高质量资产评估机构进行评估的概率之间负相关关系更弱。

其次，一方面，产品市场发育程度越高，专有成本越高，客户集中度与公司聘请高质量资产评估机构进行评估的概率之间负相关关系更强。产品市场发育程度越高，产品市场竞争越激烈，公司披露信息的专有成本越高。如果公司选择高质量的资产评估机构有可能会增加公司信息披露的专有成本，减少并购重组后的业绩。因此公司更有可能选择低质量的资产评估机构以期望减少专有成本。

基于上述分析，本章提出如下假设6a：

假设6a：被评估公司处于产品市场发育程度较高地区时，客户集中度与公司聘请高质量资产评估机构进行评估的概率之间负相关关系更强。

另一方面，产品市场发育程度越高，供应商客户关系越不紧密，客户集中度与公司聘请高质量资产评估机构进行评估的概率之间负相关关系更弱。产品市场发育程度越高，产品市场竞争越激烈，客户所需的原材料的替代品增多，进而客户在产品市场中有更多选择，这有可能导致供应商客户关系不紧密。因此公司有可能存在为了维系客户之间的关系而选择高质量的资产评估机构向客户传递利好消息。

基于上述分析，本章提出如下假设6b：

假设6b：当被评估公司处于产品市场发育程度较高地区时，客户集中度与公司聘请高质量资产评估机构进行评估的概率之间负相关关系更弱。

6.3 研究设计

6.3.1 样本选取和数据来源

由于资产评估协会从2011年开始披露资产评估机构综合排名，因此，本章选取2011—2016年上市公司以并购重组为目的的资产评估机构数据为研究样本，并经过了如下样本处理过程：（1）剔除金融行业的上市公司；（2）剔除当年IPO的上市公司；（3）剔除数据缺失上市公司。最终，本章的研究样本包含2941个观测值。为了消除极端值对研究结果的影响，本章对所有连续变量按上下1%分位数采用Winsorize处理。本章中的上市公司数据来自国泰安数据库和锐思数据库，产品市场发育程度数据来自樊纲和王小鲁（2016）编著的《中国市场化指数——各地区市场化相对进程报告》。

6.3.2 研究变量

（1）资产评估机构选择（$Top4_{ijt}$）

借鉴Francis和Yu（2009）对审计师选择的做法，本章将资产评估机构分为两类："四大"资产评估机构和"非四大"资产评估机构。"四大"指中国资产评估协会出具的资产评估机构的综合排名前四位的资产评估机构。而"非四大"则指除了"四大"以外的资产评估机构。本章以上市公司i是否选择"四大"资产评估机构为被解释变量。如果第t年

j 行业的 i 公司选择了"四大"资产评估机构,则为 1;如果第 t 年 j 行业的 i 公司没有选择"四大"资产评估机构,则为 0。

(2) 供应商客户集中度 (*supplier*、*customer*)

借鉴张敏等 (2012) 的做法,本章选取国泰安数据库中上市公司年报附注中所披露的企业前五名供应商采购金额合计占总采购金额的比例和前五名客户销售金额合计占总销售金额的比例分别衡量供应商集中度和客户集中度。

(3) 国有股持股比例 (*guoyou*)

本章根据每年样本国有股持股比例中位数将样本分为国有股持股比例高组 (High) 和低组 (Low)。

(4) 国际四大会计师事务所审计 (*Big*4)

虚拟变量,如果第 t 年 j 行业的 i 公司选择了国际四大会计师事务所审计,则为 1;如果没有选择国际四大会计师事务所审计,则为 0。

(5) 股价同步性 (*synch*)

借鉴 Durnev 等 (2003)、黄俊和郭照蕊 (2014) 的方法,运用如下模型:

$$RET_{it} = \alpha_0 + \alpha_1 \times MARET_t + \beta_1 \times INDRET_{it} + \varepsilon_{it} \quad (6-1)$$

$$SYNCH_i = ln\left(\frac{R_i^2}{1 - R_i^2}\right) \quad (6-2)$$

其中,RET_{it} 为第 t 周公司 i 的股票收益率;$MARET_t$ 为第 t 周市场收益率;$INDRET_{it}$ 为第 t 周公司所在行业 j 的收益率,它是依照证监会 2012 年公布的行业分类标准以行业内各公司流通市值为权重加权平均计算得到;R_i^2 为模型的拟合优度。

本章根据每年的股价同步性的中位数将样本分为高股价同步性组 (High) 和低股价同步性组 (Low)。

(6) CEO 持股比例 (*CEOstock*)

本章根据每年的 CEO 持股比例的中位数将样本分为 CEO 持股高组 (High) 和 CEO 持股低组 (Low)。

(7) 独董比例 (*indept*)

本章根据每年的独董比例的中位数将样本分为独董比例高组 (High) 和独董比例低组 (Low)。

(8) 产品市场发育程度(produce)

产品市场发育程度来自樊纲和王小鲁(2016)编著的《中国市场化指数——各地区市场化相对进程报告》。其中,报告中数据仅更新到2014年,因此2015年和2016年的产品市场发育程度以2014年产品市场发育程度替代。本章根据每年的产品市场发育程度的中位数将样本分为产品市场发育程度高组(High)和产品市场发育程度低组(Low)。

(9) 控制变量

参照张敏等(2012)的研究,本章还选取以下的控制变量:公司规模(size)、公司负债水平(lev)、公司成长性(growth)、公司盈利能力(roa)、公司存货水平(inventory)、公司应收账款水平(receivable),以外我们还加入了行业控制变量和年度控制变量。各变量的主要定义如表6-1所示。

表6-1 变量定义

变量名称	变量符号	变量描述
公司i的资产评估机构的选择	$Top4_{ijt}$	虚拟变量,如果第t年j行业的i公司选择了"四大"资产评估机构,则为1;如果第t年j行业的i公司没有选择"四大"资产评估机构,则为0
供应商集中度	supplier	企业向前五名供应商的采购金额总和占总采购金额的比例
客户集中度	customer	企业前五名客户的销售金额合计占总销售额的比例
国有股持股比例	guoyou(%)	国有持股数/总股数
国际四大会计师事务所审计	Big4	虚拟变量,如果第t年j行业的i公司选择了国际四大会计师事务所审计,则为1;如果没有选择国际四大会计师事务所审计,则为0
股价同步性	synch	股价同步性变量,依据公司股票收益与市场、行业收益回归的R^2计算得到。
CEO持股比例	ceostock(%)	CEO持股数/总股数
独董比例	indept	独立董事人数/董事会人数
产品市场发育程度	produce	来自樊纲和王小鲁(2016)编著的《中国市场化指数——各地区市场化相对进程报告》

续表

变量名称	变量符号	变量描述
公司规模	size	年末资产总额的自然对数
公司负债	lev	公司总负债与总资产之比
公司盈利能力	roa	营业利润/年末净资产
公司成长性	growth	（本年主营业收入－上年主营业收入）/上年主营业收入
公司存货水平	inventory	上一年年末存货与上一年年末总资产的比例
公司应收账款水平	receivable	上一年年末应收账款账面价值除以年末总资产

6.3.3 研究模型

为了验证供应商客户关系对资产评估机构选择的影响。借鉴张敏等（2012）的研究，采用 Probit 回归模型 (6-3)：

$$Top4_{ijt} = \alpha_1 + \alpha_2 suppiler(customer) + \alpha_3 size + \alpha_4 lev + \alpha_5 roa \\ + \alpha_6 growth + \alpha_7 inventory + \alpha_8 receivable + \alpha_9 \mu_t + \alpha_{10} \nu_j + \varepsilon_{ijt} \tag{6-3}$$

为了验证企业产权对供应商客户关系与资产评估机构选择之间的关系的影响。采用 Probit 回归模型 (6-4)：

$$Top4_{ijt} = \alpha_1 + \alpha_2 suppiler(customer) + \alpha_3 guoyou \times suppiler(customer) \\ + \alpha_4 guoyou + \alpha_5 size + \alpha_6 lev + \alpha_7 roa + \alpha_8 growth \\ + \alpha_9 inventory + \alpha_{10} receivable + \alpha_{11} \mu_t + \alpha_{12} \nu_j + \varepsilon_{ijt} \tag{6-4}$$

为了检验对供应商客户关系与资产评估机构选择之间的关系的影响。采用 Probit 回归模型 (6-5)：

$$Top4_{ijt} = \alpha_1 + \alpha_2 suppiler(customer) + \alpha_3 synch \times suppiler(customer) \\ + \alpha_4 synch + \alpha_5 size + \alpha_6 lev + \alpha_7 roa + \alpha_8 growth \\ + \alpha_9 inventory + \alpha_{10} receivable + \alpha_{11} \mu_t + \alpha_{12} \nu_j + \varepsilon_{ijt} \tag{6-5}$$

为了检验国际四大会计师事务所审计对供应商客户关系与资产评估机构选择之间的关系的影响。采用 Probit 回归模型 (6-6)：

$$Top4_{ijt} = \alpha_1 + \alpha_2 suppiler(customer) + \alpha_3 Big4 \times suppiler(customer)$$

$$+ \alpha_4 Big4 + \alpha_5 size + \alpha_6 lev + \alpha_7 roa + \alpha_8 growth$$
$$+ \alpha_9 inventory + \alpha_{10} receivable + \alpha_{11} \mu_t + \alpha_{12} \nu_j + \varepsilon_{ijt} \quad (6-6)$$

为了检验 CEO 持股对供应商客户关系与资产评估机构选择之间的关系的影响。采用 Probit 回归模型（6-7）：

$$Top4_{ijt} = \alpha_1 + \alpha_2 suppiler(customer) + \alpha_3 ceostock \times suppiler(customer)$$
$$+ \alpha_4 ceostock + \alpha_5 size + \alpha_6 lev + \alpha_7 roa + \alpha_8 growth$$
$$+ \alpha_9 inventory + \alpha_{10} receivable + \alpha_{11} \mu_t + \alpha_{12} \nu_j + \varepsilon_{ijt} \quad (6-7)$$

为了检验产品市场发育程度对供应商客户关系与资产评估机构选择之间的关系的影响。采用 Probit 回归模型（6-8）：

$$Top4_{ijt} = \alpha_1 + \alpha_2 suppiler(customer) + \alpha_3 produce \times suppiler(customer)$$
$$+ \alpha_4 produce + \alpha_5 size + \alpha_6 lev + \alpha_7 roa + \alpha_8 growth$$
$$+ \alpha_9 inventory + \alpha_{10} receivable + \alpha_{11} \mu_t + \alpha_{12} \nu_j + \varepsilon_{ijt} \quad (6-8)$$

其中，其中下标 i、j、t 分别代表上市公司 i、第 j 个行业以及第 t 年。μ_t 表示年度效应，ν_j 表示行业效应，ε_{ijt} 表示公司 i 在第 t 年的扰动项。

6.4 实证结果与分析

6.4.1 描述性统计

表 6-2 报告了本章的描述性统计结果。从中可以发现：资产评估机构选择变量（$Top4_{ijt}$）的平均值为 0.250，表明样本中大约有 25% 的公司选择了"四大"资产评估机构。供应商集中度的平均值为 0.307，标准差 0.234，客户集中度的平均值为 0.335，标准差 0.216，说明样本中公司供应商集中和客户集中度较小，而且行业之间存在一定的差异。其他控制变量都在合理范围内，具体可参见表 6-2 所示。

表 6-2　描述性统计

变量	样本量	平均值	中位数	标准差	最小值	最大值
$Top4_{ijt}$	2941	0.274	0	0.446	0	1
$suppiler$	2941	0.307	0.230	0.234	0.013	0.991
$suppiler^2$	2941	0.149	0.053	0.222	0.0001	0.983
$customer$	2941	0.355	0.294	0.216	0.047	0.981
$customer^2$	2941	0.173	0.086	0.205	0.002	0.962
$size$	2941	21.949	21.830	1.354	19.058	26.019
lev	2941	0.499	0.508	0.232	0.053	1.118
$growth$	2941	0.191	0.067	0.835	-0.703	6.817
roa	2941	0.025	0.027	0.059	-0.206	0.190
$inventory$	2941	0.172	0.126	0.170	0	0.804
$receivable$	2941	0.090	0.768	0.066	0.003	0.352

表 6-3 是相关性系数表，从中可以发现：(1) 因变量（$Top4_{ijt}$）与自变量供应商集中度（$suppiler$）、客户集中度（$customer$）在 5% 的水平上显著，表明公司 i 选择资产评估机构行为的可能会受到供应商集中度和客户集中度的影响。(2) 从控制变量与因变量之间的相关系数和显著性看，公司规模（$size$）、公司存货水平（$inventory$）、公司应收账款水平（$receivable$）都与公司 i 资产评估机构选择（$Top4_{ijt}$）显著相关。(3) 从控制变量的相关系数看，大部分变量之间的相关系数都小于 0.5，所以，本研究基本上排除多重共线性对结果的影响。

表6-3 相关性系数表

变量	$Top4_{ijt}$	supplier	customer	$supplier^2$	$customer^2$	size	lev	growth	roa	inventory	receivable
$Top4_{ijt}$	1										
supplier	0.047**	1									
customer	-0.040**	0.004	1								
$supplier^2$	0.073***	0.955***	-0.005	1							
$customer^2$	-0.037**	-0.001	0.962***	-0.007	1						
size	0.048***	-0.200***	0.017	-0.149***	0.035*	1					
lev	0.001	-0.073***	-0.022	-0.024	0.006	0.467***	1				
growth	0.015	-0.02	0.068***	-0.005	0.070***	-0.013	0.006	1			
roa	0	-0.063***	0.029	-0.061***	0.007	0.028	-0.386***	0.192***	1		
inventory	-0.041**	-0.207***	0.028	-0.172***	0.055***	0.115***	0.243***	0.006	-0.073***	1	
receivable	0.042**	0.031*	-0.080***	0.050***	-0.068***	0.049***	0.256***	-0.024	-0.191***	0.031*	1

注：括号内为T值，***、**和*分别表示回归系数在1%、5%和10%水平显著。

6.4.2　Probit 回归分析

表 6-4 报告了供应商客户关系如何影响资产评估机构选择的回归结果。表 6-4 的回归中（3）和（4）中客户集中度（customer）的回归系数分别是 -0.380 和 -0.315，显著程度达到 1%。回归中（1）和（3）中供应商集中度（supplier）的回归系数分别是 -0.072 和 -0.003，不显著。该结果说明了三点：（1）客户集中度会对资产评估机构选择行为产生影响。（2）客户集中度越高，公司聘请高质量的资产评估机构概率越小。（3）供应商集中度对资产评估机构选择行为产生的影响较小，但是系数方向与客户集中度系数方向保持一致。由此验证了假设 H1b。这表明，客户集中度增加，导致公司的经营风险增加，公司为了降低并购重组关联方通过资产评估报告发现公司风险的可能性，从而更倾向于选择低质量的资产评估机构。

表 6-4　供应商客户关系对资产评估机构选择的影响

变量	(1) $Top4_{ijt}$	(2) $Top4_{ijt}$	(3) $Top4_{ijt}$	(4) $Top4_{ijt}$
supplier	-0.072 (-0.53)	-0.003 (-0.02)		
customer			-0.380*** (-2.75)	-0.375*** (-2.70)
size		0.044 (1.55)		0.044 (1.62)
lev		-0.025 (-0.15)		-0.036 (-0.21)
growth		0.012 (0.31)		0.018 (0.47)
roa		0.661 (1.12)		0.696 (1.18)
inventory		-0.057 (-0.28)		-0.054 (-0.27)

续表

变量	(1) $Top4_{ijt}$	(2) $Top4_{ijt}$	(3) $Top4_{ijt}$	(4) $Top4_{ijt}$
receivable		0.986**		0.918*
		(2.00)		(1.85)
Constant	-1.045***	-2.093***	-0.931***	-1.978***
	(-3.07)	(-3.13)	(-2.72)	(-3.06)
Observations	2941	2941	2941	2941
Year Fixed Effect	yes	yes	yes	yes
Industry Fixed Effect	yes	yes	yes	yes
Pseudo R^2	0.213	0.215	0.215	0.218
Log likelihood	-1359.099	-1354.376	-1355.438	-1350.705

注：括号内为 Z 值，***、** 和 * 分别表示回归系数在1%、5%和10%水平显著。

表6-5报告了企业产权对供应商客户关系与资产评估机构选择之间关系的影响。表6-5的回归中（1）和（2）中供应商集中度（supplier）的回归系数分别是 -0.086 和 -0.084，显著程度都是不显著。表6-5的回归中（3）和（4）中客户集中度（customer）的回归系数分别是 -0.122 和 -1.901，显著程度分别是不显著和在1%水平显著。这表明，国有股持股比例对供应商关系与公司聘请高质量资产评估机构进行评估的概率之间的线性关系没有影响。公司在国有股持有比例较高的情况下，客户关系与公司聘请高质量资产评估机构进行评估的概率之间的负相关关系更强。验证了假设2a。对此的解释是，国有股持股比例增高，代理成本增大，那么公司更有可能与低质量资产评估机构发生合谋，从而国有股持股比例较高时，客户关系与公司聘请高质量资产评估机构进行评估的负相关关系更强。

表6-5　　　　　　　　　企业产权的影响

变量	(1) $Top4_{ijt}$ guoyou = Low	(2) $Top4_{ijt}$ guoyou = High	(3) $Top4_{ijt}$ guoyou = Low	(4) $Top4_{ijt}$ guoyou = High
supplier	-0.086	-0.084		
	(-0.52)	(-0.21)		

续表

变量	(1) $Top4_{ijt}$	(2) $Top4_{ijt}$	(3) $Top4_{ijt}$	(4) $Top4_{ijt}$
customer			-0.122	-1.901***
			(-0.78)	(-4.59)
lnsize	0.002	0.095	0.006	0.086
	(0.07)	(1.35)	(0.20)	(1.25)
lev	-0.024	0.465	-0.026	0.441
	(-0.12)	(1.05)	(-0.13)	(0.98)
growth	0.041	-0.075	0.043	-0.107
	(0.77)	(-1.03)	(0.80)	(-1.43)
roa	0.801	-2.494	0.840	-3.943**
	(1.21)	(-1.43)	(1.27)	(-2.20)
inventory	-0.147	0.390	-0.120	-0.198
	(-0.63)	(0.70)	(-0.52)	(-0.35)
receivable	0.744	0.965	0.728	0.749
	(1.23)	(0.89)	(1.21)	(0.67)
Constant	-1.434*	-2.151	-1.482*	-1.524
	(-1.80)	(-1.32)	(-1.90)	(-0.98)
Year Fixed Effect	yes	yes	yes	yes
Industry Fixed Effect	yes	yes	yes	yes
Observations	2264	676	2264	676
Pseudo R^2	0.200	0.407	0.200	0.433
Log likelihood	-1042.887	-248.599	-1042.719	-237.213

注：括号内为 Z 值，***、** 和 * 分别表示回归系数在 1%、5% 和 10% 水平显著。

表 6-6 报告了股价同步性对供应商客户关系与资产评估机构选择之间的关系的影响。表 6-6 的回归中（1）和（2）中供应商集中度（supplier）的回归系数分别是 -0.161 和 0.156，显著程度都是不显著。表 6-6 中回归（3）和回归（4）中客户集中度（customer）的回归系数分别是 -0.889 和 -0.219，显著程度分别是 1% 和不显著。这表明，股价同步性对供应商关系与公司聘请高质量资产评估机构进行评估的概率之间的线性关系影响不大。股价同步性越低，客户关系与公司聘请高质量资产评估机

构进行评估的负相关关系更强,这验证了假设3a。对此的解释是股价同步性越低,信息效率越低,会计稳健性越差,公司有可能会为了隐藏公司风险点,更倾向于选择低质量的资产评估机构,因此,被评估公司有较低股价同步性时,客户关系与公司聘请高质量资产评估机构进行评估的负相关关系更强。

表6-6　企业信息透明度的影响

变量	(1) $Top4_{ijt}$ synch = Low	(2) $Top4_{ijt}$ synch = High	(3) $Top4_{ijt}$ synch = Low	(4) $Top4_{ijt}$ synch = High
supplier	-0.161 (-0.67)	0.156 (0.70)		
customer			-0.889*** (-3.55)	-0.219 (-1.06)
lnsize	0.068 (1.29)	0.051 (1.19)	0.085* (1.69)	0.048 (1.13)
lev	0.256 (0.89)	-0.105 (-0.34)	0.195 (0.67)	-0.148 (-0.48)
growth	-0.085 (-1.42)	0.051 (0.76)	-0.082 (-1.36)	0.059 (0.88)
roa	-0.391 (-0.39)	1.756* (1.75)	-0.467 (-0.47)	1.751* (1.75)
inventory	-0.384 (-1.10)	0.373 (1.25)	-0.369 (-1.05)	0.350 (1.19)
receivable	-0.474 (-0.59)	1.442* (1.75)	-0.447 (-0.55)	1.378* (1.67)
Constant	-2.015 (-1.53)	-2.776*** (-2.89)	-2.236* (-1.77)	-2.596*** (-2.74)
Year Fixed Effect	yes	yes	yes	yes
Industry Fixed Effect	yes	yes	yes	yes
Observations	1354	1371	1354	1371
Pseudo R^2	0.344	0.252	0.351	0.252
Log likelihood	-535.339	-588.942	-529.087	-588.624

注:(1)剔除每年不足30个周收益观测值的上市公司样本;(2)括号内为Z值,***、**和*分别表示回归系数在1%、5%和10%水平显著。

表6-7报告了高管持股对供应商客户关系与资产评估机构选择之间

的关系的影响。表6-7的回归中(1)和(2)中供应商集中度(supplier)的回归系数分别是 -0.189 和 0.628,显著程度都是不显著。表6-7中回归(3)和回归(4)中客户集中度(customer)的回归系数分别是 -0.478 和 -0.392,显著程度分别是1%和不显著。表明高管持股对供应商关系与公司聘请高质量资产评估机构进行评估的概率之间的线性关系影响不大。高管持股较低时,客户关系与公司聘请高质量资产评估机构进行评估的负相关关系增强。对此的解释是,高管持股比例越低,公司代理成本越高,高管有可能存在掩盖业绩失误或者谋私利行为,而更有可能选择低质量的资产评估机构。因此客户关系与公司聘请高质量资产评估机构进行评估的负相关关系更强。

表6-7 高管持股的影响

VARIABLES	(1) $Top4_{ijt}$ ceostock = Low	(2) $Top4_{ijt}$ ceostock = High	(3) $Top4_{ijt}$ ceostock = Low	(4) $Top4_{ijt}$ ceostock = High
supplier	-0.189 (-1.15)	0.628 (1.63)		
customer			-0.478*** (-2.97)	-0.392 (-1.18)
lnsize	0.023 (0.72)	0.244*** (2.95)	0.034 (1.08)	0.199** (2.32)
lev	0.200 (1.03)	-1.774*** (-3.00)	0.190 (0.98)	-1.694*** (-2.79)
growth	-0.104** (-2.22)	0.545*** (3.50)	-0.102** (-2.15)	0.529*** (3.00)
roa	0.964 (1.45)	-2.154 (-1.12)	1.021 (1.53)	-1.985 (-1.04)
inventory	-0.341 (-1.50)	1.144** (2.00)	-0.290 (-1.30)	1.099* (1.77)
receivable	1.491*** (2.62)	1.169 (0.93)	1.402** (2.44)	0.993 (0.78)
Year Fixed Effect	yes	yes	yes	yes

续表

VARIABLES	(1) $Top4_{ijt}$	(2) $Top4_{ijt}$	(3) $Top4_{ijt}$	(4) $Top4_{ijt}$
Industry Fixed Effect	yes	yes	yes	yes
Constant	-2.009***	0.232	-2.144***	1.691
	(-2.64)	(0.00)	(-2.90)	(0.00)
Year Fixed Effect	yes	yes	yes	yes
Industry Fixed Effect	yes	yes	yes	yes
Observations	2203	738	2203	738
Pseudo R^2	0.245	0.328	0.248	0.326
Log likelihood	-992.900	-273.952	-989.124	-274.633

注：括号内为Z值，***、**和*分别表示回归系数在1%、5%和10%水平显著。

表6-8报告了四大会计师事务所审计对供应商客户关系与资产评估机构选择之间的关系的影响。表6-8中回归（1）、回归（2）、回归（3）和回归（4）的回归系数-0.788、-0.737、-0.375和-0.371，显著程度分别是不显著、不显著、显著和显著。这表明，四大会计师事务所审计对供应商客户关系与资产评估机构选择之间的关系影响不大。

表6-8　　　　　　　　　　四大会计师事务所的影响

变量	(1) $Top4_{ijt}$	(2) $Top4_{ijt}$	(3) $Top4_{ijt}$	(4) $Top4_{ijt}$
supplier	-0.037	0.021		
	(-0.27)	(0.14)		
customer			-0.375***	-0.371***
			(-2.71)	(-2.66)
Big4 × supplier	-0.788	-0.737		
	(-1.30)	(-1.21)		
Big4 × customer			-0.466	-0.424
			(-0.70)	(-0.63)
Big4	0.277	0.170	0.148	0.049
	(1.42)	(0.84)	(1.00)	(0.31)

续表

变量	(1) $Top4_{ijt}$	(2) $Top4_{ijt}$	(3) $Top4_{ijt}$	(4) $Top4_{ijt}$
lnsize		0.045		0.044
		(1.51)		(1.53)
lev		-0.028		-0.038
		(-0.16)		(-0.22)
growth		0.012		0.018
		(0.31)		(0.47)
roa		0.690		0.711
		(1.17)		(1.20)
inventory		-0.060		-0.055
		(-0.29)		(-0.27)
receivable		0.930*		0.894*
		(1.87)		(1.80)
Constant	-1.064***	-2.118***	-0.941***	-1.974***
	(-3.13)	(-3.06)	(-2.75)	(-2.94)
Year Fixed Effect	yes	yes	yes	yes
Industry Fixed Effect	yes	yes	yes	yes
Observations	2941	2941	2941	2941
Pseudo R^2	0.213	0.216	0.215	0.112
Loglikelihood	-1358.017	-1353.642	-1354.905	-1350.504

注:括号内为 Z 值,***、**和*分别表示回归系数在1%、5%和10%水平显著。

表6-9报告了产品市场发育程度对供应商客户关系与资产评估机构选择之间的关系的影响。表6-9的回归中(1)和(2)中供应商集中度(supplier)的回归系数分别是0.063和-0.068,显著程度都是不显著。表6-9中回归(3)和回归(4)中客户集中度(customer)的回归系数分别是-0.111和-0.911,显著程度分别是不显著和1%。说明,高管持股对供应商关系与公司聘请高质量资产评估机构进行评估的概率之间的线性关系影响不大。产品市场发育程度越高,客户关系与公司聘请高质量资产评估机构进行评估的负相关关系越强。对此的解释是,产品市场发育程度越高,产品市场竞争越大,公司披露的专有成本增大,公司更有可能会选

择低质量的资产评估机构减少专有信息的披露,因此客户关系与公司聘请高质量资产评估机构进行评估的负相关关系越强。

表6-9 产品市场发育程度的影响

变量	(1) $Top4_{ijt}$ produce = Low	(2) $Top4_{ijt}$ produce = High	(3) $Top4_{ijt}$ produce = Low	(4) $Top4_{ijt}$ produce = High
suppiler	0.063 (0.31)	-0.068 (-0.29)		
customer			-0.111 (-0.56)	-0.911*** (-3.93)
lnsize	0.006 (0.15)	0.074 (1.57)	0.004 (0.11)	0.085* (1.84)
lev	0.121 (0.47)	0.119 (0.41)	0.109 (0.43)	0.149 (0.51)
growth	-0.017 (-0.34)	-0.104 (-1.19)	-0.015 (-0.31)	-0.097 (-1.07)
roa	0.991 (1.06)	1.710* (1.91)	0.976 (1.04)	1.887** (2.10)
invenstory	-0.043 (-0.15)	-0.000 (-0.00)	-0.044 (-0.15)	-0.050 (-0.15)
receivable	0.128 (0.17)	2.273*** (2.89)	0.114 (0.15)	2.188*** (2.75)
Constant	-1.046 (-1.11)	-3.593*** (-3.35)	-0.952 (-1.04)	-3.556*** (-3.40)
Year Fixed Effect	yes	yes	yes	yes
Industry Fixed Effect	yes	yes	yes	yes
Observations	1513	1428	1513	1428
Pseudo R^2	0.259	0.279	0.258	0.289
Log likelihood	-688.530	-570.458	-688.421	-562.601

注:括号内为Z值,***、**和*分别表示回归系数在1%、5%和10%水平显著。

6.5 稳健性检验

本章还进行了如下稳健性检验：

第一，2011 年 12 月中国资产评估协会发布了《企业价值评估准则》，从各个角度对企业价值评估业务进行了规范。考虑到 2011 年 12 月以前的资产评估结果、评估方法以及评估报告中都存在很多不规范的地方，因此本章剔除 2011 年的数据，重新进行回归，检验结果如表 6 – 10、表 6 – 11 所示，可以发现研究结果与前文一致。

表 6 – 10　　　　　　　稳健性检验 1 – 1

变量	(1) $Top4_{ijt}$ 全样本	(2) $Top4_{ijt}$ guoyou = Low	(3) $Top4_{ijt}$ guoyou = High	(4) $Top4_{ijt}$ synch = Low	(5) $Top4_{ijt}$ synch = High
customer	-0.373***	-0.133	-1.800***	-0.888***	-0.226
	(-2.65)	(-0.84)	(-4.32)	(-3.55)	(-1.08)
lnsize	0.035	-0.007	0.082	0.085*	0.027
	(1.27)	(-0.21)	(1.17)	(1.69)	(0.62)
lev	0.007	0.032	0.507	0.214	0.006
	(0.04)	(0.16)	(1.08)	(0.74)	(0.02)
growth	-0.072	-0.136*	-0.111	-0.089	-0.188*
	(-1.58)	(-1.82)	(-1.48)	(-1.48)	(-1.82)
roa	0.773	1.032	-3.253*	-0.307	2.432**
	(1.29)	(1.55)	(-1.76)	(-0.31)	(2.37)
invenstory1	0.003	0.007	-0.135	-0.381	0.450
	(0.01)	(0.03)	(-0.24)	(-1.08)	(1.52)
receivable1	1.020**	0.820	0.774	-0.537	1.711**
	(2.04)	(1.35)	(0.69)	(-0.66)	(2.05)
Constant	-2.287***	-1.376*	-2.676*	-2.838**	-2.310**
	(-3.52)	(-1.75)	(-1.76)	(-2.30)	(-2.38)

续表

变量	(1) $Top4_{ijt}$	(2) $Top4_{ijt}$	(3) $Top4_{ijt}$	(4) $Top4_{ijt}$	(5) $Top4_{ijt}$
Year Fixed Effect	yes	yes	yes	yes	yes
Industry Fixed Effect	yes	yes	yes	yes	yes
Observations	2884	2220	664	1339	1331
Pseudo R^2	0.224	0.207	0.441	0.351	0.263
Log likelihood	-1311.108	-1012.144	-229.906	-522.767	-562.267

注：（1）剔除每年不足 30 个周收益观测值的上市公司样本；（2）括号内为 Z 值，***、** 和 * 分别表示回归系数在 1%、5% 和 10% 水平显著。

表 6-11 稳健性检验 1-2

变量	(1) $Top4_{ijt}$ ceostock = Low	(2) $Top4_{ijt}$ ceostock = High	(3) $Top4_{ijt}$ produce = Low	(4) $Top4_{ijt}$ produce = High
customer	-0.434***	-0.468	-0.091	-0.858***
	(-2.68)	(-1.40)	(-0.45)	(-3.68)
lnsize	0.031	0.156*	-0.011	0.088*
	(0.98)	(1.78)	(-0.29)	(1.88)
lev	0.202	-1.334**	0.218	0.091
	(1.02)	(-2.17)	(0.83)	(0.30)
growth	-0.107**	0.274	-0.125**	-0.097
	(-2.24)	(1.12)	(-2.18)	(-1.05)
roa	1.083	-0.894	1.314	1.843**
	(1.60)	(-0.46)	(1.37)	(2.03)
invenstory	-0.281	0.975	0.111	-0.064
	(-1.25)	(1.59)	(0.38)	(-0.19)
receivable	1.365**	1.191	0.219	2.163***
	(2.36)	(0.93)	(0.29)	(2.71)
Constant	-2.209***	2.660	-0.881	-3.640***
	(-2.97)	(0.00)	(-0.98)	(-3.41)
Year Fixed Effect	yes	yes	yes	yes
Industry Fixed Effect	yes	yes	yes	yes

续表

变量	(1) $Top4_{ijt}$	(2) $Top4_{ijt}$	(3) $Top4_{ijt}$	(4) $Top4_{ijt}$
Observations	2167	717	1486	1398
Pseudo R^2	0.254	0.317	0.268	-549.501
Log likelihood	-966.146	-268.237	-665.291	0.293

注：括号内为Z值，***、** 和 * 分别表示回归系数在1%、5%和10%水平显著。

第二，为了保证回归结果更加稳健，本章还改变回归方式，将Probit回归方法改为Logit回归方法，重新回归，检验结果如表6-12、表6-13所示，可以发现研究结果与前文一致。

表6-12　　稳健性检验2-1

变量	(1) $Top4_{ijt}$ 全样本	(2) $Top4_{ijt}$ guoyou = Low	(3) $Top4_{ijt}$ guoyou = High	(4) $Top4_{ijt}$ synch = Low	(5) $Top4_{ijt}$ synch = High
customer	-0.654 ***	-0.216	-3.260 ***	-1.502 ***	-0.401
	(-2.80)	(-0.82)	(-4.53)	(-3.52)	(-1.16)
lnsize	0.072	0.005	0.142	0.139 *	0.079
	(1.61)	(0.10)	(1.23)	(1.67)	(1.11)
lev	-0.043	-0.040	0.737	0.351	-0.198
	(-0.15)	(-0.12)	(0.96)	(0.73)	(-0.38)
growth	0.033	0.073	-0.181	-0.128	0.107
	(0.51)	(0.85)	(-1.46)	(-1.31)	(0.94)
roa	1.221	1.579	-7.088 **	-0.614	2.881 *
	(1.22)	(1.39)	(-2.29)	(-0.36)	(1.69)
invenstory	-0.081	-0.205	-0.272	-0.572	0.591
	(-0.24)	(-0.53)	(-0.28)	(-0.95)	(1.21)
receivable	1.535 *	1.289	1.303	-0.639	2.192
	(1.89)	(1.29)	(0.69)	(-0.48)	(1.59)
Constant	-3.279 ***	-2.407 *	-2.478	-3.611 *	-4.388 ***
	(-3.02)	(-1.81)	(-0.94)	(-1.69)	(-2.73)
Year Fixed Effect	yes	yes	yes	yes	yes

续表

变量	(1) $Top4_{ijt}$	(2) $Top4_{ijt}$	(3) $Top4_{ijt}$	(4) $Top4_{ijt}$	(5) $Top4_{ijt}$
Industry Fixed Effect	yes	yes	yes	yes	yes
Observations	2941	2264	676	1354	1371
Pseudo R^2	0.217	0.201	0.434	0.352	0.252
Log likelihood	-1351.207	-1042.560	-236.779	-528.539	-588.735

注：(1) 剔除每年不足30个周收益观测值的上市公司样本；(2) 括号内为Z值，***、**和*分别表示回归系数在1%、5%和10%水平显著。

表6-13　　　　　　　　稳健性检验2-2

变量	(1) $Top4_{ijt}$ ceostock = Low	(2) $Top4_{ijt}$ ceostock = High	(3) $Top4_{ijt}$ produce = Low	(4) $Top4_{ijt}$ produce = High
customer	-0.799***	-0.675	-0.246	-1.504***
	(-2.96)	(-1.19)	(-0.73)	(-3.83)
lnsize	0.058	0.337**	0.005	0.138*
	(1.12)	(2.37)	(0.08)	(1.79)
lev	0.324	-2.681***	0.161	0.310
	(1.01)	(-2.61)	(0.38)	(0.63)
growth	-0.166**	0.859***	-0.021	-0.160
	(-2.09)	(2.80)	(-0.26)	(-1.04)
roa	1.745	-3.247	1.694	3.461**
	(1.54)	(-1.00)	(1.06)	(2.22)
inventory	-0.496	1.880*	-0.036	-0.097
	(-1.33)	(1.77)	(-0.07)	(-0.17)
receivable	2.383**	1.659	0.278	3.568***
	(2.52)	(0.77)	(0.23)	(2.70)
Constant	-3.707***	11.663	-1.480	-6.073***
	(-2.95)	(0.00)	(-0.97)	(-3.34)
Year Fixed Effect	yes	yes	yes	yes
Industry Fixed Effect	yes	yes	yes	yes
Observations	2203	738	1513	1428

续表

变量	(1) $Top4_{ijt}$	(2) $Top4_{ijt}$	(3) $Top4_{ijt}$	(4) $Top4_{ijt}$	(5) $Top4_{ijt}$
Pseudo R^2	0.248	0.325	0.259	0.288	
Log likelihood	-989.032	-275.329	-688.137	-562.816	

注：括号内为 Z 值，***、**和*分别表示回归系数在1%、5%和10%水平显著。

第三，本章使用是否选择"六大"资产评估机构作为因变量，重新进行了回归检验。回归检验结果如表 6-14、表 6-15 所示，可以发现研究结果与前文基本上一致。

表 6-14　　　　　　　稳健性检验 3-1

变量	(1) $Top6_{ijt}$ 全样本	(2) $Top6_{ijt}$ guoyou = Low	(3) $Top6_{ijt}$ guoyou = High	(4) $Top6_{ijt}$ synch = Low	(5) $Top6_{ijt}$ synch = High
customer	-0.374***	-0.266	-1.416***	-0.672***	-0.299
	(-2.78)	(-0.76)	(-3.60)	(-2.83)	(-1.49)
lnsize	0.021	-0.006	0.080	0.052	0.028
	(0.81)	(-0.20)	(1.20)	(1.10)	(0.68)
lev	-0.210	-0.264	0.828*	-0.332	0.003
	(-1.26)	(-1.36)	(1.87)	(-1.21)	(0.01)
growth	0.000	0.016	-0.152**	-0.095	0.049
	(0.01)	(0.31)	(-2.03)	(-1.63)	(0.74)
roa	0.784	0.893	-2.558	-0.513	1.973**
	(1.37)	(1.40)	(-1.45)	(-0.54)	(2.00)
inventory	0.012	-0.022	-0.372	0.135	-0.202
	(0.06)	(-0.10)	(-0.66)	(0.42)	(-0.73)
receivable	0.910*	0.194	2.065*	0.148	0.706
	(1.91)	(0.33)	(1.88)	(0.19)	(0.88)
Constant	-1.390**	-0.843	-1.963	-1.877	-1.823**
	(-2.21)	(-1.12)	(-1.29)	(-1.53)	(-2.02)
Year Fixed Effect	yes	yes	yes	yes	yes
Industry Fixed Effect	yes	yes	yes	yes	yes

续表

变量	(1) $Top6_{ijt}$	(2) $Top6_{ijt}$	(3) $Top6_{ijt}$	(4) $Top6_{ijt}$	(5) $Top6_{ijt}$
Observations	2422	1832	442	961	1119
Pseudo R^2	0.220	0.205	0.430	0.334	0.258
Log likelihood	-1468.867	-1149.510	-248.977	-586.510	-640.599

注：(1) 剔除每年不足30个周收益观测值的上市公司样本；(2) 括号内为Z值，***、**和*分别表示回归系数在1%、5%和10%水平显著。

表6-15　　　　　　　　　稳健性检验3-2

变量	(1) $Top6_{ijt}$ ceostock = Low	(2) $Top6_{ijt}$ ceostock = High	(3) $Top6_{ijt}$ produce = Low	(4) $Top6_{ijt}$ produce = High
customer	-0.406***	-0.450	-0.237	-0.771***
	(-2.62)	(-1.46)	(-1.23)	(-3.43)
lnsize	0.036	-0.045	0.002	0.056
	(1.19)	(-0.61)	(0.05)	(1.25)
lev	-0.039	-0.633	0.040	-0.279
	(-0.21)	(-1.23)	(0.16)	(-0.99)
growth	-0.095**	0.360**	-0.055	-0.023
	(-2.16)	(2.41)	(-1.13)	(-0.31)
roa	0.972	0.409	1.481	1.533*
	(1.51)	(0.23)	(1.60)	(1.77)
inventory	-0.279	0.915*	-0.307	0.252
	(-1.31)	(1.76)	(-1.14)	(0.79)
receivable	1.194**	1.678	0.124	2.224***
	(2.19)	(1.40)	(0.17)	(2.85)
Constant	-1.902***	6.418	-0.873	-2.666***
	(-2.64)	(0.00)	(-0.98)	(-2.62)
Year Fixed Effect	yes	yes	yes	yes
Industry Fixed Effect	yes	yes	yes	yes
Observations	2203	738	1513	1428
Pseudo R^2	-1076.019	-316.365	-752.77	0.305
Log likelihood	0.242	0.316	0.256	-593.838

注：括号内为Z值，***、**和*分别表示回归系数在1%、5%和10%水平显著。

资料来源：本章计算整理。

6.6 拓展性检验

6.6.1 供应商客户关系与资产评估机构选择之间的曲线关系检验

前面的研究仅发现客户集中度与资产评估机构的选择存在线性关系，供应商集中度对资产评估机构的选择影响不大。但是唐跃军（2009）发现供应商集中度与公司业绩之间是倒"U"形关系，而客户集中度与公司业绩之间是正"U"形关系。因此，供应商集中度和客户集中度与资产评估机构选择之间也有可能存在"U"形关系。为了检验这一推断，本章建立模型（6-9）。

$$Top4_{ijt} = \alpha_1 + \alpha_2 suppiler(customer) + suppiler^2(customer^2) + \alpha_3 size + \alpha_4 lev + \alpha_5 roa + \alpha_6 growth + \alpha_7 inventory + \alpha_8 receivable + \alpha_9 \mu_t + \alpha_{10} \nu_j + \varepsilon_{ijt}$$
(6-9)

表6-16报告了供应商集中度和客户集中度与资产评估机构选择的"U"形关系检验结果。表6-16中回归（1）和回归（2）中供应商集中度（supplier）的系数是-1.874和-1.725，供应商集中度平方值（suppiler^2）的系数是1.990和1.879，且显著程度都是1%。表6-16中回归（3）和回归（4）中客户集中度（customer）的系数是-0.418和-0.372，客户集中度平方值（customer^2）的系数是0.043和-0.004，且都不显著。这表明供应商集中度与资产评估机构选择之间存在倒"U"形关系，而客户集中度与资产评估机构选择之间不存在"U"形关系。对此的解释是：供应商集中度越低时，公司可能会面临更强的竞争风险和市场冲击，从而导致公司风险越大。供应商集中度到达一定程度时，公司拥有一定的紧密的供应商关系，既可以抵御同行的竞争和市场冲击，又可以避免大客户的关系破裂所造成的冲击，从而公司风险减少。供应商集中度越高时，公司也有可能会面临关系破裂和需求波动的影响，从而导致公司风险越大。由上文可知，公司风险越大，公司选择低质量资产评估机构的

概率越大。因此，供应商集中度与资产评估机构选择之间存在倒"U"形关系。而对于客户集中度来说，在中国产品交易市场中，因为客户肩负了对中国消费者的了解以及购买公司产品的职责，所以客户有很强的动机向上游公司转移成本，对上游公司造成了利益侵占，造成了公司的风险增加（韩敬稳，2009），而且这种风险会随着客户集中度越高而越大。因此客户集中度更有可能与资产评估机构选择之间存在线性关系。这一结论为我们认识供应商集中度和客户集中度与资产评估机构选择之间的关系提供了新的支持。

表6-16 供应商集中度和客户集中度与资产评估机构选择的"U"形关系检验

变量	(1) $Top4_{ijt}$ 全样本	(2) $Top4_{ijt}$ 全样本	(3) $Top4_{ijt}$ 全样本	(4) $Top4_{ijt}$ 全样本
$supplier$	-1.874*** (-4.15)	-1.725*** (-3.70)		
$suppiler^2$	1.990*** (4.18)	1.879*** (3.89)		
$customer$			-0.418 (-0.84)	-0.372 (-0.74)
$customer^2$			0.043 (0.08)	-0.004 (-0.01)
$lnsize$		0.034 (1.20)		0.044 (1.62)
lev		-0.061 (-0.35)		-0.036 (-0.21)
$growth$		0.004 (0.10)		0.018 (0.47)
roa		0.562 (0.95)		0.696 (1.18)
$invenstory$		-0.092 (-0.45)		-0.054 (-0.27)

续表

变量	(1) $Top4_{ijt}$	(2) $Top4_{ijt}$	(3) $Top4_{ijt}$	(4) $Top4_{ijt}$
receivable		0.944*		0.918*
		(1.91)		(1.85)
Constant	-0.808**	-1.620**	-0.925***	-1.978***
	(-2.37)	(-2.38)	(-2.62)	(-3.01)
Year Fixed Effect	yes	yes	yes	yes
Industry Fixed Effect	yes	yes	yes	yes
Observations	2941	2941	2941	2941
Pseudo R^2	0.218	0.220	0.214	-1350.705
Log likelihood	-1350.310	-1346.780	-1355.435	0.218

注：括号内为 Z 值，***、** 和 * 分别表示回归系数在1%、5%和10%水平显著。

6.6.2 企业产权、股价同步性、CEO 持股和产品市场发育程度的影响

张敏（2012）的研究结果发现，对于国有企业来说，供应商客户集中度与审计师选择之间存在"U"形关系。那么对于被评估公司是国有企业的情况来说，供应商集中度与资产评估机构选择之间是否也是存在"U"形关系呢？因此我们考察了企业产权对供应商集中度与资产评估机构选择关系的影响。从本章的前面研究发现股价同步性、CEO 持股比例、产品市场发育程度都对客户集中度与资产评估机构选择之间的关系产生影响。所以我们也考察了股价同步性、CEO 持股比例、产品市场发育程度对供应商集中度与资产评估机构选择关系的影响。

表 6-17 报告了企业产权和股价同步性的影响。表 6-17 中回归（1）和回归（2）中供应商集中度（supplier）的系数是 -2.743 和 -0.803，显著程度分别是1%和不显著。供应商集中度平方值（suppiler²）的系数是 2.400 和 1.230，显著程度分别是1%和10%显著。说明，被评估公司为国有企业时，供应商集中度与资产评估机构选择之间的倒"U"形关系更强。表 6-17 中回归（3）和回归（4）中供应商集中度（supplier）的系数是 0.202 和 -4.312，显著程度分别是不显著和在1%水平显著。供应商集中度平方值（suppiler²）的系数是 -0.394 和 4.880，显

著程度分别是不显著和1%。说明,被评估公司的股价同步性较高时,供应商集中度与资产评估机构选择之间的倒"U"形关系更强。

表6-17 企业产权和股价同步性的影响

变量	(1) $Top4_{ijt}$ state = 1	(2) $Top4_{ijt}$ state = 0	(3) $Top4_{ijt}$ synch = Low	(4) $Top4_{ijt}$ synch = High
$supplier$	-2.743***	-0.803	0.202	-4.312***
	(-3.70)	(-1.20)	(0.25)	(-5.93)
$suppiler^2$	2.400***	1.230*	-0.394	4.880***
	(3.16)	(1.75)	(-0.47)	(6.46)
$lnsize$	-0.060	0.107**	0.070	0.025
	(-1.38)	(2.17)	(1.33)	(0.56)
lev	0.277	-0.507**	0.269	-0.089
	(0.90)	(-2.02)	(0.93)	(-0.29)
$growth$	-0.099	0.031	-0.082	0.055
	(-0.91)	(0.67)	(-1.37)	(0.80)
roa	1.040	0.134	-0.355	1.596
	(0.93)	(0.17)	(-0.36)	(1.57)
$inventory$	0.067	0.170	-0.388	0.222
	(0.21)	(0.54)	(-1.11)	(0.72)
$receivable$	1.902**	0.609	-0.467	1.459*
	(2.47)	(0.79)	(-0.58)	(1.75)
Constant	1.362	-3.461***	-2.121	-1.611
	(1.20)	(-3.11)	(-1.59)	(-1.63)
Year Fixed Effect	yes	yes	yes	yes
Industry Fixed Effect	yes	yes	yes	yes
Observations	1336	1605	1354	1371
Pseudo R^2	0.3312	0.231	0.344	0.280
Log likelihood	-528.470	-719.461	-535.228	-567.234

注:(1)剔除每年不足30个周收益观测值的上市公司样本;(2)括号内为Z值,***、**和*分别表示回归系数在1%、5%和10%水平显著。

表 6-18 报告了 CEO 持股和产品市场竞争的影响。表 6-18 中回归（1）和回归（2）中供应商集中度（supplier）的系数是 -2.483 和 0.148，显著程度分别是 1% 和不显著。供应商集中度平方值（suppiler²）的系数是 2.469 和 0.546，显著程度分别是 1% 水平显著和不显著。这说明，高管持股越低，供应商集中度与资产评估机构选择之间的倒"U"形关系更强。表 6-18 中回归（3）和回归（4）中供应商集中度（supplier）的系数是 -2.523 和 -1.540，显著程度分别是 1% 和 5%。供应商集中度平方值（suppiler²）的系数是 2.945 和 1.585，显著程度分别是 1% 和 5%。说明产品市场发育程度对供应商集中度与资产评估机构选择之间的关系影响不大。

表 6-18　　　　　　CEO 持股和产品市场竞争的影响

变量	(1) $Top4_{ijt}$ ceostock = Low	(2) $Top4_{ijt}$ ceostock = High	(3) $Top4_{ijt}$ produce = Low	(4) $Top4_{ijt}$ produce = High
supplier	-2.483***	0.148	-2.523***	-1.540**
	(-4.68)	(0.11)	(-3.63)	(-2.08)
suppiler²	2.469***	0.546	2.945***	1.585**
	(4.55)	(0.38)	(3.88)	(2.10)
lnsize	0.009	0.243***	-0.011	0.066
	(0.27)	(2.72)	(-0.27)	(1.40)
lev	0.159	-1.782***	0.114	0.075
	(0.82)	(-2.89)	(0.45)	(0.26)
growth	-0.116**	0.544***	-0.037	-0.105
	(-2.48)	(3.02)	(-0.77)	(-1.22)
roa	0.784	-2.116	0.930	1.593*
	(1.17)	(-1.10)	(0.98)	(1.78)
inventory	-0.406*	1.142*	-0.125	0.010
	(-1.78)	(1.81)	(-0.42)	(0.03)
receivable	1.442**	1.156	0.196	2.144***
	(2.51)	(0.90)	(0.26)	(2.70)

续表

变量	(1) $Top4_{ijt}$	(2) $Top4_{ijt}$	(3) $Top4_{ijt}$	(4) $Top4_{ijt}$
Constant	-1.330*	0.363	-0.113	-3.307***
	(-1.71)	(0.00)	(-0.12)	(-3.06)
Year Fixed Effect	yes	yes	yes	yes
Industry Fixed Effect	yes	yes	yes	yes
Observations	2203	738	1513	1428
Pseudo R^2	0.253	0.328	0.267	0.2813
Log likelihood	-982.460	-273.880	-680.816	-568.248

注：括号内为 Z 值，***、** 和 * 分别表示回归系数在 1%、5% 和 10% 水平显著。

6.7 本章小结

供应商客户关系是行业中的重要特征之一，因此本章研究了供应商客户关系与资产评估机构选择之间的关系，并考察了企业产权、股价同步性、CEO 持股、四大会计师事务所审计和产品市场发育程度对两者关系的影响。本章以 2011—2016 年以并购重组为目的的资产评估相关数据为研究样本，实证结果发现，(1) 供应商集中度较高与资产评估机构选择之间存在倒"U"形关系，而客户集中度与资产评估机构选择之间存在线性负相关关系。(2) 被评估公司是国有企业时，供应商集中度与资产评估机构选择之间的倒"U"形关系更强，客户集中度与资产评估机构选择的负相关关系更强。(3) 被评估公司的股价同步性较低时，客户集中度与资产评估机构选择的负相关关系更强。而股价同步性越高时，供应商集中度与资产评估机构选择之间的倒"U"形关系更强。(4) 被评估公司的 CEO 持股越低时，客户集中度与资产评估机构选择的负相关关系更强。供应商集中度与资产评估机构选择之间的倒"U"形关系更强。(5) 被评估公司是四大会计师事务所审计时，对供应商客户集中度与资产评估机构选择之间关系影响不大。(6) 被评估公司处于产品市场发育程度较高的地区时，客户集中度与资产评估机构选择的负相关关系更强，但是产品市场发育程度对供应商集中度与资产评估机构选择之间的关系影响不大。

本章除了丰富了供应商客户关系和资产评估机构选择的研究文献以外，还具有重要的现实启示：

第一，供应商客户关系显著影响着资产评估机构选择，供应商客户集中度越高，公司越有可能选择低质量的资产评估机构，这有可能会导致公司信息披露水平和信息效率较低，从而增加了监管机构对并购重组行为的监管难度。因此监管机构应加强对供应商和客户集中度较高的公司的监管力度，并出台相关政策督促供应商和客户集中度较高的公司选择高质量的资产评估机构。

第二，本章还探讨了企业产权、股价同步性、高管持股和产品市场发育程度对两者关系的影响。因此监管机构还应当对国有企业、股价同步性较低、高管持股较低和产品市场发育程度高地区的公司更加重视，加大对这类公司的资产评估机构选择行为的重视，从而减少并购重组风险。

第三，通过本章结论发现，客户关系与资产评估机构选择存在负相关关系。供应商关系与资产评估机构选择之间存在倒"U"形关系，说明在我国转型经济市场背景下，由于我国法律保护环境和资本市场发展不完善，供应商客户关系的治理机制并没有发挥作用。因此，监管者应该通过加强法律法规的建设、减少政府干预等手段促进供应商客户关系的治理作用的发挥。

第四，由于资产评估机构出具的资产评估报告直接地影响到并购重组关联方对公司价值的预测。因此并购重组关联方要重点关注供应商客户集中度较高的公司的资产评估选择行为，对供应商客户集中度较高的公司应该多方考察，合理地预测公司价值以避免并购重组风险。

第7章 结论、启示与局限性

7.1 研究结论

伴随着我国供给侧改革的进程,中国市场化程度不断提升,资产评估机构的地位不断地提升。尤其是2016年12月1日《中华人民共和国资产评估法》出台后,更是奠定了资产评估机构在资本市场上的重要地位。因此,资产评估机构选择的研究成为目前学术界迫切需要研究的一个重要理论和现实问题。以前的学术文献主要从代理成本、信号理论和保险价值三个角度研究中介机构选择行为,从资产评估机构视角研究中介机构选择行为的文献甚少。实际上,资产评估机构作为中介机构的重要构成部分,是并购重组中不可或缺的参与者,对并购重组行为起到举足轻重的作用。由此可知,资产评估机构行为无庸置疑会对资产市场的发展产生长远的影响。程凤朝等(2013)提出资产评估结果是并购重组中估值定价的影响因素之一。因此,一些学者开始从估值定价的角度研究资产评估在并购重组中的作用。但是从未有学者从资产评估机构的角度研究并购重组问题。

第7章 结论、启示与局限性

为此本书结合行业层面特征，从并购重组视角研究了中国资产评估机构的选择行为。同行效应、产品市场竞争和供应商客户关系都是行业的主要特征。因此，本书从同行效应、产品市场竞争和供应商客户关系三个角度出发探讨了中国资产评估机构的选择行为。

首先，本书考察了资产评估机构选择的同行效应。基于中介机构层面的研究，一方面，有学者从财务报告重述角度，发现审计师联结的上市公司之间的财务报告重述存在传染效应（徐艳萍和王琨，2015）；另一方面，有学者从低质量审计角度，发现低质量审计在会计师事务所、同一会计团队中存在传染效应（Francis 和 Michas，2013；刘明辉和乔贵涛，2014；冉明东等，2016）。为此，我们考虑资产评估机构选择行为是否也存在同行效应，研究了资产评估机构选择的同行效应问题，并考察了企业产权、产品市场竞争、市场化程度、企业价值评估准则出台对资产评估机构选择的同行效应的影响。通过实证研究发现：资产评估机构选择行为存在同行效应；被评估公司处于产品市场竞争激烈环境下，资产评估机构选择行为的同行效应更弱；被评估公司是国有企业时，资产评估机构选择行为的同行效应更强；被评估公司处于市场化程度较高的地区时，资产评估机构选择行为的同行效应更弱；企业价值评估准则出台后，资产评估机构选择行为的同行效应更强。以上结论在经过改变高质量资产评估机构衡量标准、更换回归年限等稳健性检验后依然成立。为了解决因变量和自变量之间存在互为因果的问题，本书还选取剔除了行业股票收益率的公司收益率的行业平均值作为工具变量。通过结果发现，资产评估机构选择行为存在同行效应这个假设依旧成立。

其次，本书考察了产品市场竞争与资产评估机构选择之间的关系。国内外大量的文献研究了产品市场竞争。通过前人的研究，我们发现，产品市场竞争对公司信息披露水平、代理成本、专有性成本和盈余管理均有影响。而且公司信息披露水平、代理成本、专有性成本都有可能会对资产评估机构选择行为存在影响。为此，本书结合中国国情，考察了产品市场竞争与资产评估机构选择的关系，同时考察了企业产权、股价同步性、H股交叉上市、企业价值准则出台对产品市场竞争与资产评估机构选择行为之间的关系的影响。实证研究表明：产品市场竞争与资产评估机构选择显著负相关；被评估公司是国有企业时，产品市场竞争与资产评估机构选择的负相关关系更弱;被评估公司有高股价同步性时,产品市场竞争与资产评估机构选择的负相关关系更强;被评估公司是 H 股交叉上市公司时,产品市场竞争与资产评估机构选择的负相关关系更弱;企业价值评估准则出台后,产品市场竞争与资产评估机构选择的负相关关系更弱。上述结论,在经过改变高质量的资产评估机构衡量标准和更换自变量的度量方法等稳健性检验后依旧成立。

最后,本书考察了供应商客户关系与资产评估机构选择之间的关系。国内外大量的文献研究了供应商客户关系。其中有学者发现供应商客户关系会对企业风险、企业业绩和经营策略产生影响。而且通过前文的研究发现企业风险和代理成本都有可能对资产评估机构选择行为产生影响。为此,本书考察了供应商客户关系与资产评估机构选择之间的关系,深入分析了供应商客户关系对资产评估机构选择的影响,并研究了企业产权、股价同步性、CEO 持股、四大会计师事务所审计以及产品市场发育程度对供应商客户关系与资产评估机构选择之间的关系的影响。实证研究表明:供应商集中度与资产评估机构选择之间存在倒"U"形关系,而客户集中度与资产评估机构选择之间存在线性负相关关系;被评估公司是国有企业时,供应商集中度与资产评估机构选择之间的倒"U"形关系更强,客户集中度与资产评估机构选择的负相关关系更强;被评估公司有较低的股价同步性时,客户集中度与资产评估机构选择的负相关关系更强。而被评估公司有较高的股价同步性时,供应商集中度与资产评估机构选择之间的倒"U"形关系更强;被评估公司的 CEO 持股比例越低时,客户集中度与资产评估机构选择的负相关关系更强。供应商集中度与资产评估机构选择之间的倒"U"形关系更强;被评估公司聘请四大会计师事务所审计,对供应商客户集中度与资产评估机构选择之间关系的影响不大;被评估公司处于产品市场发育程度较高的地区时,客户集中度与资产评估机构选择的负相关关系更强,但是产品市场发育程度对供应商集中度与资产评估机构选择之间的关系影响不大。上述结论,在经过改变高质量的资产评估机构衡量标准、改变时间段和模型回归方法等稳健性检验后依旧成立。

7.2 政策启示

本书基于行业层面研究了并购重组中资产评估机构选择。通过对上述结论的分析，本书提出以下几个方面的政策启示：

第一，监管机构需进一步加强对并购重组中被评估公司高管的监管，防止高管为谋取私利而选择低质量的资产评估机构。通过本书的实证研究发现，政府过度干预和公司信息透明度较低都会加剧高管的代理问题，促使公司高管有更强的动机与资产评估机构发生合谋行为。因此，监管机构应当对并购重组中被评估公司高管的行为加强监督管理，改善并购重组中的公司代理问题，从而减少并购重组中非系统性风险。

第二，深化并购重组改革，增加并购重组中监管机制，防止公司为减少投资者发现自身的风险，而与资产评估机构发生合谋行为。通过本书的实证研究发现，公司风险较大或者行业风险较大的情况下，公司更有动机去选择低质量的资产评估机构出具不实报告，利用不实报告，误导投资者高估企业价值，从而增加了并购重组中风险。因此，监管机构应当制定相应的政策制度和法律制度提高并购重组中被评估公司的信息披露程度，提高投资者保护措施，减少投资者的利益受损。

第三，进一步规范资产评估机构的执业水平，减少资产评估机构的执业风险。本书研究显示公司通过选择资产评估机构间接地对资产评估、资产评估结果和资产评估报告产生影响。资产评估机构作为资产评估的主体，一旦资产评估机构发生违规行为会直接对资产评估结果产生影响。监管机构有必要从资产评估机构这个源头来遏制资产评估机构与公司的合谋行为。因此，相关监管机构应当在资产评估法的基础上，完善资产评估准则体系，注重资产评估的方法研究，加强资产评估报告的质量审核制度。而对于资产评估机构内部来说，资产评估机构内部应当建立一个健全的风险监测机制，提高资产评估师的职业道德水平。

第四，深化上市公司外部治理机制的改革，提升产品市场竞争和供应商和客户关系的外部监管作用。本书研究结果显示产品市场竞争对资产评估机构选择负相关关系和客户关系与资产评估机构选择存在负相关关系。通过该结果,我们发现,在中国资本市场上,由于法律体系和监管体系的不健全,产品市场竞争和供应商客户关系的外部治理机制并没有完全发挥出来。同时企业信息透明度和政府的干预程度也限制了产品市场竞争和供应商客户关系的外部治理机制的发挥。因此,应该通过加强法律法规的建设、减少政府干预等手段促进产品市场竞争和供应商客户关系的治理监督职能的发挥。

第五,有必要进一步降低政府对资产评估的干预,提高企业的自主选择能力。通过本书的研究显示,政府干预限制了公司的自主选择权利。目前我国存在一种现象,政府为了某些特定的目的,强行干预资产评估机构的评估行为,甚至强行操控资产评估结果。而且资产评估机构为了维系与政府的关系,通常也默许这种行为存在,甚至帮助操纵资产评估结果。实际上,这种政府干预行为严重地影响了资产评估的公正性和独立性,从而会增大并购重组的风险性。因此,有必要降低政府对资产评估的干预,提高企业的自主选择能力,有效地促进我国资本市场健康的发展。

第六,提高我国市场化程度,提高公司的信息披露水平。通过前文的研究,我们发现,当公司处于市场化程度较高的地区,公司的自愿信息披露水平较高。公司自愿披露水平的提高,有利于帮助投资者识别并购重组的风险。因此,加快我国市场化程度的进程,有利于并购重组的发展。

第七,有效地辨别公司的同行学习行为,减少并购重组中的系统性风险。本书研究发现资产评估机构选择行为存在同行效应。虽然这种行为能够帮助提高选择效率和节约成本,但是也有可能造成并购重组中的系统性风险增强。因此,政府和监管机构在制定政策制度时,应多加考虑同行学习行为,有效地辨别公司的同行学习行为,减少并购重组中的系统性风险。

7.3 研究局限性和未来研究方向

本书的研究局限体现在以下几个方面:

第一,本书参照国外经典审计师选择的文献,选择了资产评估协会出具的资产评估机构综合排名前四名作为衡量资产评估机构质量高低。事实上衡量标准并不贴合中国实际情况。在现有的审计师选择的文献中，虽然也很多学者选择了"四大"国际会计师事务所或者"十大"国内会计师事务所作为衡量审计师质量高低的标准，但是还是有些学者选取了客户资产总额的年度会计师事务所市场份额排名前十位或者年度会计师事务所审计客户数排名前十名作为高质量审计师的替代。由于资产评估机构与会计师事务所还存在差异，资产评估机构业务较多，并且各资产评估机构之间业务差异较大，关于各业务的执业水平也不一样。仅靠综合排名前四名来衡量资产评估机构质量高低还是存在一定的局限性的。

第二，本书多次使用股价同步性来反映企业信息透明度。虽然我们在文中多次认为股价同步性与企业信息透明度存在正相关关系。但是从现有的文献来看，也有很多学者提出在新兴市场中，噪音是影响股价同步性的主要影响，信息透明度对股价同步性影响较少。因此本书选取股价同步性并不能全面地反映企业信息透明度。

第三，本书发现供应商集中度与资产评估机构选择之间存在倒"U"形关系，而客户集中度与资产评估机构选择之间只存在线性关系。这种情况与前人文献存在差异。但局限于理论支持过少，本书对该问题解释的并不全面。

第四，由于国泰安数据中供应商集中度和客户集中度的数据较少，导致匹配后的数据缺失较多。这有可能会对回归结果产生影响，导致回归结果不稳健。因此在供应商集中度和客户集中度数据库更加健全的情况下，可进一步推进供应商集中度和客户集中度对资产评估机构选择影响的研究。

本书未来的研究方向，可以考虑从以下几个方面拓展：

第一，从其他视角研究资产评估机构选择的问题。以并购重组为目的的企业价值评估仅是资产评估业务中的一部分。目前企业价值评估业务涉及以财务报表为目的的企业价值评估，以清算为目的的企业价值评估等业务。而且每一种业务之间存在一定差异。所以如果从其他角度来看，公司也许会基于不同的动机选择资产评估机构。因此，从其他角度探讨资产评估机构选择也具有现实意义。

第二，从其他层面研究资产评估机构选择的问题。本书选取从行业层面探讨了资产评估机构选择的问题。行业因素仅是影响企业价值评估一个因素。公司因素和社会因素也是影响企业价值评估的重要因素。公司因素和社会因素都有可能导致公司有不同的动机去选择资产评估机构。因此，从公司层面和社会层面讨论资产评估机构选择问题也是有意义的。

第三，考虑资产评估法对资产评估机构选择的问题。本书中仅考虑了企业价值评估准则的出台对资产评估机构选择的影响。由于资产评估法出台时间短，可获取数据较少，本书未考虑资产评估法的出台对资产评估机构选择的影响。事实上，资产评估法的出台规范了资产评估机构的行为，在一定程度上减少了资产评估机构的执业风险，而且也增强资本市场参与者对资产评估机构和资产评估的关注度，提高他们对资产评估机构和资产评估的认知水平，从而有可能会减少上市公司对同行的学习行为。因此，在后续研究中，我们可以加入资产评估法进行研究。

第四，从资产评估报告产生的经济后果中探究资产评估机构选择的问题也是后续可以研究的方向。资产评估报告是资产评估机构的出具的专业意见，它是资产评估机构的执业能力的体现，是检验资产评估机构专业能力水平的一种方式。公司在选择资产评估机构时，有可能存在对该机构不了解的情况。因此公司肯定会考察资产评估机构以前出具的报告，观察该评估报告产生的经济后果。因此资产评估机构以前出具的资产评估报告会对公司的资产评估机构的选择行为产生影响。所以，我们在后续研究中可以考虑资产评估报告的后果对资产评估机构选择的影响。

第五，从其他的资产评估机构质量衡量标准出发探究资产评估机构选择的问题。前文中提到本书中仅使用资产评估机构出具资产评估机构综合排名作为资产评估机构质量衡量标准。因此，在后续的研究中，我们可以选择其他的资产评估机构质量衡量标准进行研究资产评估机构选择的问题。例如选择资产评估机构被查处的次数排名作为资产评估机构质量衡量标准。

参考文献

[1] 陈仕华,姜广省,卢昌崇.董事联结、目标公司选择与并购绩效——基于并购双方之间信息不对称的研究视角 [J].管理世界,2013 (12):117-132.

[2] 陈仕华,卢昌崇.国有企业党组织的治理参与能够有效抑制并购中的"国有资产流失"吗? [J].管理世界,2014 (5):106-120.

[3] 车宣呈.独立审计师选择与公司治理特征研究——基于中国证券市场的经验证据 [J].审计与经济研究,2007 (2):61-68.

[4] 程凤朝,刘旭,温馨.上市公司并购重组标的资产价值评估与交易定价关系研究 [J].会计研究,2013 (8):40-46.

[5] 程新生,谭有超,许垒.公司价值、自愿披露与市场化进程——基于定性信息的披露 [J].金融研究,2011 (8):111-127.

[6] 陈骏,徐玉德.产品市场竞争、竞争态势与上市公司盈余管理 [J].财政研究,2011 (4):58-61.

[7] 陈骏,徐玉德.并购重组是掏空还是支持——基于资产评估视角的经验研究 [J].财贸经济,2012 (9):76-84

[8] 杜兴强,周泽将.政治联系与审计师选择 [J].审计研究,2010 (2):48-53.

[9] 杜兴强,谭雪.董事会国际化与审计师选择:来自中国资本市场的经验证据 [J].审计研究,2016 (3):98-104.

[10] 党力,杨瑞龙,杨继东.反腐败与企业创新:基于政治关联的解释 [J].中国工业经济,2015 (7):146-159.

[11] 戴亦一,潘越,陈芬.媒体监督、政府质量与审计师变更[J].会计研究,2013 (10):89-95.

[12] 傅超,杨曾,傅代国."同伴效应"影响了企业的并购商誉吗?——基于我国创业板高溢价并购的经验证据 [J]. 中国软科学, 2015 (11): 96 – 108.

[13] 傅超,王靖懿,傅代国. 从无到有,并购商誉是否夸大其实?——基于 A 股上市公司的经验证据 [J]. 中国经济问题, 2016 (6): 109 – 123.

[14] 樊纲,王小鲁. 中国市场化指数:各地区市场化相对进程 2016 年度报告 [M]. 经济科学出版社, 2016.

[15] 冯卫东,郑海英. 企业并购商誉计量与披露问题研究 [J]. 财政研究, 2013 (8): 29 – 32.

[16] 葛结根. 并购支付方式与并购绩效的实证研究——以沪深上市公司为收购目标的经验证据 [J]. 会计研究, 2015 (9): 76 – 80.

[17] 洪金明,徐玉德,李亚茹. 信息披露质量、控股股东资金占用与审计师选择——来自深市 A 股上市公司的经验证据 [J]. 审计研究, 2011 (2): 72 – 79.

[18] 黄新建,张会. 地区环境、政治关联与审计师选择——来自中国民营上市公司的经验证据 [J]. 审计与经济研究, 2011 (3): 46 – 52.

[19] 黄俊,陈信元,张天. 公司经营绩效传染效应的研究 [J]. 管理世界, 2013 (3): 111 – 118.

[20] 黄俊,郭照蕊. 新闻媒体报道与资本市场定价效率——基于股价同步性的分析 [J]. 管理世界, 2014 (5): 121 – 130.

[21] 黄兴孪,沈维涛. 政府干预、内部人控制与上市公司并购绩效 [J]. 北京: 经济管理, 2009 (6): 70 – 76.

[22] 韩敬稳,赵道致,秦娟娟. Bertrand 双寡头对上游供应商行为的演化博弈分析 [J]. 管理科学, 2009, 22 (2): 57 – 63.

[23] 冉明东,王艳艳,杨海霞. 受罚审计师的传染效应研究 [J]. 会计研究, 2016 (12): 86 – 96.

[24] 金智,柳建华,陈辉. 信息披露监管的外部性——同行信息传递与市场学习 [J]. 中国会计评论, 2011, 9 (2): 226 – 250.

[25] 金智. 新会计准则、会计信息质量与股价同步性 [J]. 会计研究, 2010 (7): 19 – 26.

[26] 蒋荣, 陈丽蓉. 产品市场竞争治理效应的实证研究: 基于 CEO 变更视角 [J]. 经济科学, 2007 (2): 102: 111.

[27] 姜付秀, 黄磊, 张敏. 产品市场竞争、公司治理与代理成本 [J]. 世界经济, 2009 (10): 46-59.

[28] 计方, 刘星. 交叉上市、绑定假说与大股东利益侵占——基于关联交易视角的实证研究 [J]. 当代经济科学, 2011 (4): 105-114.

[29] 雷光勇, 李书锋, 王秀娟. 政治关联、审计师选择与公司价值 [J]. 管理世界, 2009 (7): 148: 155.

[30] 梁莱歆, 冯延超, 杨继伟. 实际控制人的政治身份与审计师选择——来自我国民营上市公司的经验证据 [J]. 审计与经济研究, 2011 (3): 39-46.

[31] 李井林, 刘淑莲, 韩雪. 融资约束、支付方式与并购绩效 [J]. 山西财经大学学报, 2014 (8): 116-124.

[32] 李明辉. 代理成本对审计师选择的影响——基于中国 IPO 公司的研究 [J]. 经济科学, 2006 (3): 76-83.

[33] 李善民, 周小春. 公司特征、行业特征和并购战略类型的实证研究 [J]. 管理世界, 2007 (3): 130-137.

[34] 李增泉, 余谦, 王晓坤. 掏空、支持与并购重组——来自我国上市公司的经验证据 [J]. 北京: 经济研究, 2005 (1): 96-105.

[35] 李小荣, 董红晔. 高管权力、企业产权与权益资本成本 [J]. 经济科学, 2015 (4): 60-80.

[36] 李慧云, 刘镝. 市场化进程、自愿性信息披露和权益资本成本 [J]. 北京: 会计研究, 2016 (1): 71-96.

[37] 刘明辉, 乔贵涛, 会计师事务所审计质量传染效应研究 [J]. 审计与经济研究, 2014 (6): 26-31.

[38] 林钟高, 郑军, 彭琳, 等. 关系型交易、事务所选聘与审计契约稳定性——基于主要供应商/客户视角的经验证据 [J]. 中国会计评论, 2014 (1): 419-452.

[39] 吕长江, 韩慧博. 业绩补偿承诺、协同效应与并购收益分配 [J]. 审计与经济研究, 2014, 29 (6): 6-13.

[40] 陆蓉, 王策, 邓鸣茂, 我国上市公司资本结构"同群效应"研

究[J]. 经济管理, 2017 (1): 181-194.

[41] 迈克尔·波特. 竞争战略——分析产业和竞争者的技巧[M]. 华夏出版社, 1997: 108-122.

[42] 马黎珺, 张敏, 伊志宏. 供应商——客户关系会影响企业的商业信用吗——基于中国上市公司的实证检验[J]. 经济理论与经济管理, 2016, 36 (2): 98-112.

[43] 潘红波, 夏新平, 余明桂. 政府干预、政治关联与地方国有企业并购[J]. 经济研究, 2008 (4): 41-52.

[44] 潘红波和余明桂. 支持之手、掠夺之手与异地并购[J]. 经济研究, 2011 (9): 108-120.

[45] 孙铮, 于旭辉. 分权与会计师事务所选择——来自我国国有上市公司的经验证据[J]. 审计研究, 2007 (6): 52-58.

[46] 滕飞, 辛宇, 顾小龙. 产品市场竞争与上市公司违规[J]. 会计研究, 2016 (9): 32-40.

[47] 唐跃军. 供应商、经销商议价能力与公司业绩——来自2005—2007年中国制造业上市公司的经验证据[J]. 中国工业经济, 2009 (10): 67-76.

[48] 唐建新, 贺虹. 中国上市公司并购协同效应的实证分析[J]. 经济评论, 2005 (5): 96-100.

[49] 王财玉, 雷雳. 网络购物情境下的羊群效应: 内涵、影响因素与机制[J]. 心理科学进展, 2017, 25 (2): 298-311.

[50] 王永钦, 刘思远, 杜巨澜. 信任品市场的竞争效应与传染效应: 理论和基于中国食品行业的事件研究[J]. 经济研究, 2014 (2): 116-154.

[51] 王雄元, 刘焱. 产品市场竞争与信息披露质量的实证研究[J]. 经济科学, 2008, 30 (1): 92-103.

[52] 王雄元, 王鹏, 张金萍. 客户集中度与审计费用: 客户风险抑或供应链整合[J]. 审计研究, 2014 (6): 71-82.

[53] 王雄元, 刘芳. 客户议价能力与供应商会计稳健性[J]. 中国会计评论, 2014 (3): 389-404.

[54] 王裕, 任杰. 独立董事的海外背景、审计师选择与审计意见

[J]. 审计与经济研究, 2016 (4): 40-49.

[55] 王兵, 辛清泉, 杨德明. 审计师声誉影响股票定价吗——来自 IPO 定价市场化的证据 [J]. 会计研究, 2009 (11): 71-96.

[56] 王成方, 刘慧龙. 国有股权与公司 IPO 中的审计师选择行为及动机 [J]. 会计研究, 2014 (6): 89-95.

[57] 王少飞, 周国良, 何小杨, 等. 关系型投资与审计行为 [J]. 财经研究, 2010 (5): 17-27.

[58] 王思敏, 朱玉杰. 公司危机的传染效应与竞争效应——以国美事件为例的小样本实证研究 [J]. 中国软科学, 2010 (7): 136-141.

[59] 王勇, 刘志远. 供应商关系与企业现金持有——来自中国制造业上市公司的经验证据 [J]. 审计与经济研究, 2016 (1): 86-91.

[60] 王凤荣, 高飞. 政府干预、企业生命周期与并购绩效——基于我国地方国有上市公司的经验数据 [J]. 金融研究, 2012 (12): 137-150.

[61] 王亚平, 刘慧龙, 吴联生. 信息透明度、机构投资者与股价同步性 [J]. 金融研究, 2009 (12): 162-174.

[62] 吴超鹏, 叶小杰, 吴世农. 政治关联、并购绩效与高管变更——基于我国上市公司的实证研究 [J]. 经济学家, 2012 (2): 90-99.

[63] 吴昊昊, 杨兴全, 魏卉. 产品市场竞争与公司股票特质性风险经济研究 [J]. 经济研究, 2012 (6): 101-115.

[64] 徐艳萍, 王琨. 审计师联结与财务报表重述的传染效应研究 [J]. 审计研究, 2015 (2): 97-112

[65] 徐玉德, 韩彬. 市场竞争地位、行业竞争与内控审计师选择——基于民营上市公司的经验证据 [J]. 审计研究, 2017 (1): 88-97.

[66] 邢立全, 陈汉文. 产品市场竞争、竞争地位与审计收费——基于代理成本与经营风险的双重考量 [J]. 审计研究, 2013 (3): 50-58.

[67] 肖小凤, 唐红. 新股发行市场的审计师选择——来自 2006 年—2008 年的数据 [J]. 审计与经济研究, 2010 (6): 37-43.

[68] 谢纪刚, 张秋生. 股份支付、交易制度与商誉高估——基于中

小板公司并购的数据分析 [J]. 会计研究, 2013 (12): 47-52.

[69] 伊志宏, 姜付秀, 秦义虎. 产品市场竞争、公司治理与信息披露质量 [J]. 管理世界, 2010 (1): 136-141.

[70] 于蔚, 汪淼军, 金祥荣. 政治关联和融资约束: 信息效应与资源效应 [J]. 经济研究, 2012 (9): 126-139.

[71] 张雯, 张胜, 李百兴. 政治关联、企业并购特征与并购绩效 [J]. 南开管理评论, 2013 (2): 66-74.

[72] 张娟, 李虎, 王兵. 审计师选择、信号传递和资本结构优化调整——基于中国上市公司的实证分析 [J]. 审计与经济研究, 2010 (5): 36-39.

[73] 张欢, 金融危机冲击、产品市场竞争与盈余管理策略 [J]. 宏观经济研究, 2014 (3): 76-83.

[74] 张敏, 马黎珺, 张胜. 供应商-客户关系与审计师选择 [J]. 会计研究, 2012 (12): 81-86.

[75] 张洪辉, 章琳一, 张蕊. 内部控制与关联交易: 基于效率促进观和掏空观分析 [J]. 审计研究, 2016 (5): 89-97.

[76] 周兰, 耀友福. 媒体负面报道、审计师变更与审计质量 [J]. 审计研究, 2015 (3): 76-81.

[77] 周夏飞, 周强龙. 产品市场势力、行业竞争与公司盈余管理——基于中国上市公司的经验证据 [J]. 会计研究, 2014 (8): 60-66.

[78] 郑海英, 刘正阳, 冯卫东. 并购商誉能提升公司业绩吗?——来自 A 股上市公司的经验证据 [J]. 会计研究, 2014 (3): 11-17.

[79] 钟海燕, 冉茂盛, 文守逊. 政府干预、内部人控制与公司投资 [J]. 管理世界, 2010 (7): 98-108.

[80] Abrahamson E, Rosenkopf L. Social Network Effects on the Extent of Innovation Diffusion: A Computer Simulation [J]. Organization Science, 1997, 8 (3): 289-309.

[81] Acharya V V, Demarzo P, Kremer I. Endogenous Information Flows and the Clustering of Announcements [J]. American Economic Review, 2011, 101 (7): 2956-2979.

[82] Albuquerque A, Papadakis G, Wysocki P. The Impact of Risk and

Monitoring on CEO Compensation [R]. Working paper, 2009.

[83] Balakrishnan K, Cohen D A. Product Market Competition, Financial Accounting Misreporting and Corporate Governance: Evidence from Accounting Restatements [R]. New York University, Working paper, 2011.

[84] Banerjee A V. A Simple Model of Herd Behavior [J]. Quarterly Journal of Economics, 1992, 107 (3): 797 – 817.

[85] Beatty R P. Auditor Reputation and the Pricing of Initial Public Offerings [J]. Accounting Review, 1989, 64 (4): 696 – 709.

[86] Beatty A, Liao S, Yu J J. The Spillover Effect of Fraudulent Financial Reporting on Peer Firms' Investments [J]. Journal of Accounting and Economics, 2013, 55 (2): 186 – 205.

[87] Becchetti L, Sierra J. Bankruptcy Risk and Productive Efficiency in Manufacturing Firms [J]. Journal of Banking and Finance, 2003, 27 (11): 2099 – 2120.

[88] Bereskin F I, Cicero D C. CEO Compensation Contagion: Evidence from an Exogenous Shock [J]. Journal of Financial Economics, 2013, 107 (2): 477 – 493.

[89] Berkovitch E, Narayanan M P. Motives for Takeovers: An Empirical Investigation [J]. Journal of Financial & Quantitative Analysis, 1993, 28 (3): 347 – 362.

[90] Birt J L, Bilson C M, Smith T, Whaley R E. Ownership, Competition, and Financial Dislosure [J].

[91] Board O, Competition and Disclosure [J]. Journal of Industrial Economics, 2009, 57 (1): 197 – 213.

[92] Bonini S, Boraschi D. Corporate Scandals and Capital Structure [J]. Journal of Business Ethics, 2010, 95 (2): 241 – 269.

[93] Boone A L, Ivanov V I. Bankruptcy Spillover Effects on Strategic Alliance Partners [J]. Journal of Financial Economics, 2012, 103 (3): 2956 – 2979.

[94] Bouwman C H S. Corporate Governance Propagation through Overlapping Directors [J]. Review of Financial Studies, 2011, 24 (7): 2358 –

2394.

[95] Bradley M, Desai A, Kim E H. Synergistic Gains from Corporate Acquisitions and their Division between the Stockholders of Target and Acquiring Firms [J]. Journal of Financial Economics, 1988, 21 (1): 6 - 40.

[96] Bratten B, Payne J L, Thomas W B. Earning Management: Do Firms Play 'Follow the Leader'? [J]. Contemporary Accounting Research, 2016, 33 (2): 616 - 643.

[97] Brandt L, Li H. Bank Discrimination in Transition Economies: Ideology, Information, or Incentives? [J]. Journal of Comparative Economics, 2003, 31 (3): 387 - 413.

[98] Bruslerie H D L. Corporate Acquisition Process: Is There an Optimal Cash - Equity Payment Mix? [J]. International Review of Law & Economics, 2012, 32 (1): 86 - 94.

[99] Chen C, Kohlbeck M, Warfield T. Timeliness of Impairment Recognition: Evidence from the Initial Adoption of SFAS 142 [J]. Advances in Accounting, 2008, 24 (1): 72 - 81.

[100] Chen C, Young D Q, Zhuang Z L. Externalities of Mandatory IFRS Adoption: Evidence from Cross - Border Spillover Effects of Financial Information on Investment Efficiency [J]. The Accounting Review, 2013, 88 (3): 881 - 914.

[101] Chen H, Jeter D. The Role of Auditing in Buyer - Supplier Relations [J]. Journal of Contemporary Accounting & Economics, 2008, 4 (1): 1 - 17.

[102] Chen S, Sun Z, Tang S, Wu D H, Government Intervention and Investment Efficiency: Evidence from China [J]. Journal of Corporate Finance, 2011, 17 (2): 259 - 271.

[103] Chang E C, Wong S, Political Control and Performance in China's Listed Firms [J]. Journal of Comparative Economics, 2004, 32 (4): 617 - 636.

[104] Cheng P, Man P, Yi C H. The Impact of Product Market Competition on Earnings Quality [J]. Accounting & Finance, 2014, 53 (1):

137 – 162.

[105] Chow C W. The Demand for External Auditing: Size, Debt and Ownership Influences [J]. The Accounting Review, 1982, 57 (2): 272 – 291.

[106] Cornell B, Shapiro A C. Corporate Stakeholders and Corporate Finance [J]. Financial Management, 1987, 16 (1): 6 – 14.

[107] Cyert R M, March J G. A Behavioral Theory of the Firm [M]. New York, 1963: 121 – 200.

[108] David G M, Jean M T. Social Psychology [M]. California, 2010: 202 – 230.

[109] Datar S M, Feltham G A, John S. Hughes. The Role of Audits and Audit Quality in Valuing New Issues [J]. Journal of Accounting and Economics, 1991, 14 (1): 6 – 49.

[110] Datta S, Mai I D, Sharma V. Product Market Pricing Power, Industry Concentration and Analysts' Earnings Forecasts [J]. Journal of Banking & Finance, 2011, 35 (6): 1352 – 1366..

[111] Darrough M N, Stoughton N M. Financial Disclosure Policy in an Entry Game [J]. Journal of Accounting and Economics, 1990, 12 (1 – 3): 219 – 243.

[112] Darnall N, Seol I, Sarkis J. Perceived Stakeholder Influences and Organizations' Use of Environmental Audits [J]. Accounting Organizations & Society, 2009, 34 (2): 170 – 187.

[113] Defond M L. The Association Between Changes in Client Firm Agency Costs and Auditor Switching [J]. Auditing A Journal of Practice and Theory, 1992 (11): 16 – 31.

[114] Dhaliwal D, Huang S, Khurana I K, Pereira R. Product Market Competition and Conditional Conservatism [J]. Review of Accounting Studies, 2014, 19 (4): 1309 – 1345.

[115] Dhaliwal D, Judd J S, Serrfling M, Customer Concentration Risk and the Cost of Equity Capital [J]. Journal of Accounting and Economics, 2016, 61 (1): 26 – 48.

[116] Dimaggio P J, Powell W W. The Iron Cage Revisited: Institutional Isomorphism and Collective Rationality in Organizational Fields [J]. American Sociological Review, 1983, 48 (2): 147 – 160.

[117] Defond M L, Park CW. The Effect of Competition on CEO Turnover [J]. Journal of Accounting and Economics, 1999, 27 (1): 36 – 56.

[118] Defond M L, Hung M. Investor Protection and Corporate Governance: Evidence from Worldwide CEO Turnover [J]. Journal of Accounting Research, 2004, 42 (2): 269 – 312.

[119] Dowlatshahi S. Bargaining Power in Buyer – Supplier Relationships [J]. Production & Inventory Management Journal, 1999, 40 (1): 27 – 35.

[120] Dube S, Glascock J L. Effects of the Method of Payment and the Mode of Acquisition on Performance and Risk Metrics [J]. International Journal of Managerial Finance, 2006, 2 (3): 176 – 195.

[121] Durnev A, Mangen C, Corporate Investments: Learning from Restatements [J]. Journal of Accounting Research, 2009, 47 (3): 679 – 720.

[122] Dunne K M, Ndubizu G A. International Acquisition Accounting Method and Corporate Multinationalism: Evidencefrom Foreign Acquisitions [J]. Journal of International Business Studies, 1995, 26 (2): 361 – 377.

[123] Dye R A. Auditing Standards, Legal Liability, and Auditor Wealth [J]. Journal of Political Economy, 1993, 101 (5): 887 – 914.

[124] Evans J L, Friend I, Blume M, et al. Mutual Funds and Other Institutional Investors: A New Perspective [J]. Journal of Finance, 1971, 26 (3): 822.

[125] Fan J P H, Wong TJ. Do External Auditors Perform a Corporate Governance Role in Emerging Markets? Evidence from East Asia [J]. Journal of Accounting Research, 2005, 43 (1): 36 – 72.

[126] Fan J P H, Wong TJ. Corporate Ownership Structure and the Informativeness of Accounting Earnings in East Asia [J]. Journal of Accounting and Economics, 2002, 33 (4): 401 – 425.

[127] Feldmann M, Müller S. An Incentive Scheme for True Information

Providing in Supply Chains [J]. Omega, 2003, 31 (2): 66-73.

[128] Floyd W. Industry Peer Restatements and Voluntary Disclosure [R]. Stanford Graduate School of Business, Working Paper, 2012.

[129] Francis J R, Michas P N. The Contagion Effect of Low-Quality Audits [J]. The Accounting Review, 2013, 88 (2): 521-552.

[130] Francis J R, Wilson E R. A Joint Test of Theories Relating to Agency Costs and Auditor Differentiation [J]. The Accounting Review, 1988, 63 (4): 666-682.

[131] Francis J R, Yu M D. Big 4 Office Size and Audit Quality [J]. The Accounting Review, 2009, 84 (5): 1521-1552.

[132] Firth M, Smith A. Selection of Auditor Firms by Companies in the New Issue Market [J]. Applied Economics, 1992 (24): 247-255.

[133] Foucault T, Fresard L. Learning From Peers' Stock Prices and Corporate Investment [J]. Journal of Financial Economics, 2014, 111 (3): 556-577.

[134] Giovanni J D. What Drives Capital Flows? The Case of Cross-Border M&A Activity and Financial Deepening [J]. Journal of International Economics, 2005, 65 (1): 127-149.

[135] Gleason C A, Jenkins N T, Johnson W B. The Contagion Effects of Accounting Restatements [J]. The Accounting Review, 2008, 83 (1): 86-110.

[136] Godfrey J, Koh P S. The Relevance to Firm Valuation of Capitalising Intangible Assets in Total and by Category [J]. Australian Accounting Review, 2010, 11 (25): 39-48.

[137] Gregory A. The Long Run Abnormal Performance of UK Acquirers and the Free Cash Flow Hypothesis [J]. Journal of Business Finance & Accounting, 2005, 32 (6-6): 777-814.

[138] Harford J, Corporate Cash Reserves and Acquisitions [J]. The Journal of Finance, 1999, 54 (6): 1969-1997.

[139] Harris M S. The Association between Competition and Managers' Business Segment Reporting Decisions [J]. Journal of Accounting Research,

1998, 36 (1): 111 – 128.

[140] Hart O D. The Market Mechanism as an Incentive Scheme [J]. The Bell Journal of Economics, 1983, 14 (2): 366 – 382.

[141] Haw I M, Hu B B, Lee J J. Product Market Competition and Analyst Forecasting Activity: International Evidence [J]. Journal of Banking and Finance, 2015.

[142] Henning S L, Lewis B L, Shaw W H. Valuation of the Components of Purchased Goodwill [J]. Accounting and Regulatory Issues, 2000, 38 (2): 376 – 386.

[143] Hertzel M G, Li Z, Officer M S and Rodgers K J. Inter – Firm Linkages and the Wealth Effects of Financial Distress along the Supply Chain [J]. Journal of Financial Economics, 2008, 87 (2): 376 – 387.

[144] Hermalin B E. The Effects of Competition on Executive Behavior [J]. Rand Journal of Economics, 1992, 23 (3): 350 – 365.

[145] Hillison W, Pacini C. Auditor Reputation and the Insurance Hypothesis: The Information Content of Disclosures of Financial Distress of a Major Accounting Firm [J]. Journal of managerial issues, 2004 (1): 66 – 86: 66 – 86.

[146] Hou K, Robinson T D. Industry Concentration and Average Stock Returns [J]. Journal of Finance, 2006, 61 (4): 1927 – 1956.

[147] Holmstrom. Moral Hazard in Teams [J]. Bell Journal of Economics, 1982, 13 (2): 324 – 340.

[148] Holland K M, Horton J G. Initial Public Offerings on the Unlisted Securities Market: The Impact of Professional Advisers [J]. Accounting and Business Research, 1993, 24 (93): 19 – 34.

[149] Huang Y, Li N, Yang Z. Customer Base Concentration and Debt Contracting [R]. Working paper, 2011.

[150] Hui K W, Klasa S, Yeung P E. Corporate Suppliers and Customers and Accounting Conservatism [J]. Journal of Accounting & Economics, 2012, 52 (1): 116 – 135.

[151] Hutton A P, Alan A T and H. Tehranian, Opaque Financial Reports,

r2 and Crash Risk [J]. Journal of Financial Economics, 2009 (94): 67 - 86.

[152] Irvine P J, Park S S, Yildizhan C. Customer - Base Concentration, Profitability and the Relationship Life Cycle [J]. Accounting Review, 2016, 91 (3): 886 - 906.

[153] Itzkowitz J. Customers and cash: How Relationships Affect Suppliers' Cash Holdings [J]. Journal of Corporate Finance, 2013, 19 (1): 159 - 180.

[154] Iyer G, Villasboas J M. A Bargaining Theory of Distribution Channels [J]. Journal of Marketing Research, 2003, 40 (1): 80 - 100.

[155] Jennings R, Robinson J, Robert B. Thompson II and Linda. The Relation between Accounting Goodwill Numbers and Equity Values [J]. Journal of Business Finance andAccounting, 1996, 23 (4): 516 - 553.

[156] Jensen M C, Meckling W H. Theory of the Firm: Managerial Behavior, Agency Costs and Ownership Structure [J]. Journal of Financial Economics, 1976, 3 (4): 306 - 360.

[157] Jensen M C, Ruback R S. The Market For Corporate Control—The Scientific Evidence [J]. Journal of Financial Economics, 1983 (11): 6 - 50.

[158] Jensen M C, Agency Costs of Free Cash Flow, Corporate Finance, and Takeovers Author [J]. American Economic Review, 1986, 76 (2): 326 - 329.

[159] Kameda T, Nakanishi D. Does Social/Cultural Learning Increase Human Adaptability?: Rogers's Question Revisited [J]. Evolution and Human Behavior, 2003, 24 (4): 242 - 260.

[160] Karuna C. Industry Product Market Competition and Managerial Incentives [J]. Journal of Accounting and Economics, 2007 (43): 275 - 297.

[161] Kim, Y. Big Customers, Selling Expenses and Profit Margin [J]. Journal of Economic Research 1996, 1: 311 - 326

[162] Lang L, Stulz R. Contagion and Competitive Intra - industry Effects of Bankruptcy Announcements [J]. Journal of Financial Economics,

1992, 32 (1): 45-60.

[163] Latané B. The Psychology of Social Impact. [J]. American Psychologist, 1981, 36 (4): 346-356.

[164] Leary M T, Roberts M R. Do Peer Firms Affect Corporate Financial Policy [J]. The Journal of Finance, 2014, 69 (1): 139-178.

[165] Lev, B. Intangibles: Management, Measurement and Reporting [M]. 2001, Washington, D. C.

[166] Leventis S, Weetman P, Caramanis C. Agency Costs and Product Market Competition: The Case of Audit Pricing in Greece [J]. The British Accounting Review, 2011, 43 (2): 112-119.

[167] Lee H L, Rosenblatt M J. A Generalized Quantity Discount Pricing Model to Increase Supplier's Profits [J]. Management Science, 1986, 32 (9): 1177-1185.

[168] Li L C, Qi B L, Tian G L, Zhang G C. The Contagion Effect of Low-Quality Audits at the Level of Individual Auditors [J]. The Accounting Review, 2017, 92 (1): 137-163.

[169] Li H, Zhou L A, Political Turnover and Economic Performance: The Incentive Role of Personnel Control in China [J]. Journal of Public Economics 2005 (89): 1746-1762.

[170] Liao T L, Lin W C. Product Market Competition and Earnings Management Around Open-Market Repurchase Announcements [J]. International Review of Economics & Finance, 2016, 44: 187-203.

[171] Nickel S, Nicolitsas D, Dryden N. What Makes Firms Perform Well? [J]. European Economic Review, 1997 (41): 786-796.

[172] Ma, M. Industry Peer Firm Earnings Quality and the Cost of Equity [R]. The University of Oklahoma, Working Paper, 2013.

[173] Marciukaityte D, Park J C. Market Competition and Earnings Management, 2009, working paper.

[174] Markarian G, Santalo J. Product Market Competition, Information and Earnings Management [J]. Journal of Business Finance and Accounting, 2014, 41 (5): 572-599.

[175] Menon K, Williams D D. The Insurance Hypothesis and Market Prices [J]. The Accounting Review, 1994, 69 (2): 327-342.

[176] Milliken F J. Three Types of Perceived Uncertainty about the Environment: State, Effect, and Response Uncertainty [J]. Academy of Management Review, 1987, 12 (1): 133-143.

[177] Monahan J P. A Quantity Discount Pricing Model to Increase Vendor Profits [J]. Management Science, 1988, 34 (11): 1391-1398.

[178] Morck R, Shleifer A, Vishny R W. Management Ownership and Market Valuation: An Empirical Analysis [J]. Journal of Financial Economics, 2010, 20 (88): 296-315.

[179] Myers S C. The Capital Structure Puzzle [J]. Journal of Finance, 1984 (39): 76-92.

[180] Myers S C, Majluf N S. Financing and Investment Decisions when Firms Have Information that Investon do not Have [J]. Journal of Financial Economics, 1984, 13 (2): 187-221.

[181] Olante M E. Overpaid Acquisitions and Goodwill Impairment Losses—Evidence from the US [J]. Advances in Accounting Incorporating Advances in International Accounting, 2013, 29 (2): 246-254.

[182] Patatoukas P N. Customer - Base Concentration: Implications for Firm Performance and Capital Markets [R]. 2012, Workingpaper.

[183] Piotroski J D, Wong T J, Zhang T. Political Incentives to Suppress Negative Information: Evidence from Chinese Listed Firms [J]. Journal of Accounting Research, 2015, 53 (2): 405-459.

[184] Piotroski J D, Wong T J. Institutions and Information Environment of Chinese Listed Firms [R]. 2011, Workingpaper.

[185] Portes R, Rey H. The Determinants of Cross - Border Equity Flows [J]. National Bureau of Economic Research, 1999: 269-296.

[186] Quiamzade A, Lhuillier J. Herding by Attribution of Privileged Information. Journal of Behavioral Decision Making, 2009, 22 (1): 1-19.

[187] Ramanna K, Watts R L. Evidence on the Use of Unverifiable Estimates in Required Goodwill Impairment [J]. Review of Accounting Studies,

2012, 17 (4): 749-780.

[188] Rezaee Z, Gao L, Yu J. Industry Peer Firms Earnings Predictably, Financial Crisis and IPO Underpricing [R]. University of Memphis, Working Paper, 2011.

[189] Roll R. The Stochastic Dependence of Security Price Changes and Transaction Volumes [J]. Journal of Finance, 1988 (43): 541-566.

[190] Scharfstein D S, Stein J C. Herd Behavior and Investment [J]. American Economic Review, 1990, 80 (3): 465-479.

[191] Schmidt K M. Managerial Incentives and Product Market Competition [J]. The Review of Economic Studies, 1997, 64 (2): 191-213.

[192] Scharfstein D. Product-Market Competition and Managerial Slack [J]. Rand Journal of Economics, 1988, 19 (1): 147-155.

[193] Schwetzler B, Reimund C. Valuation Effects of Corporate Cash Holdings: Evidence from Germany [J]. 2004, Workingpaper.

[194] Seetharaman A, Gul F A, Lynn S G. Litigation Risk and Audit Fees: Evidence from UK Firms Cross-Listed on US Markets [J]. Journal of Accounting & Economics, 2002, 33 (1): 91-115.

[195] Shin Y C The Effect of Product Market Competition on Corporate Voluntary Disclosure Decisions [R]. Tulane University, Working Paper, 2002.

[196] Shleifer A, Does Competition Destroy Ethical Behavior? [J]. American Economic Review, 2004, 94 (2): 416-418.

[197] Sletten E. The Effect of Stock Price on Discretionary Disclosure [J]. Review of Accounting Studies, 2012, 17 (1): 96-133.

[198] Slusky A R, Caves R E. Synergy, Agency, and the Determinants of Premia Paid in Mergers [J]. Journal of Industrial Economics, 1991, 39 (3): 277-296.

[199] Titman S, Trueman B. Information Quality and the Valuation of New Issues [J]. Journal of Accounting and Economics, 1986, 8 (2): 159-172.

[200] Titman, S, Wessels R. The Determinations of Capital Structure

Choice. Journal of Finance, 1988, 43, 1 – 19.

[201] Wagenhofer A. Voluntary Disclosure with a Strategic Opponent [J]. Journal of Accounting and Economics, 1990, 12 (4): 341 – 363.

[202] Wang Q, Wong T J, Xia L J. State Ownership, the Institutional Environment, and Auditor Choice [J]. Journal of Accounting and Economics, 2008, 46 (1): 112 – 134.

[203] Wansley J W, Lane W R, Yang H C. Abnormal Returns to Acquired Firms by Type of Acquisition and Method of Payment [J]. Financial Management, 1983, 12 (3): 16 – 22.

[204] Weisbach M S, Reese W A. Protection of Minority Shareholder Interests, Cross – Listings in the United States, and Subsequent Equity Offerings [J]. Journal of Financial Economics, 2002, 66 (1): 66 – 104.

[205] Weston J F, Mansinghka S K. Tests of the Efficiency Performance of Conglomerate Firms [J]. Journal of Finance, 1971, 26 (4): 919 – 936.

[206] Xu T, Najand M, Ziegenfuss D. Intra – Industry Effects of Earnings Restatements Due to Accounting Irregularities [J]. Journal of Business Finance and Accounting, 2006, 33 (6 – 6): 696 – 714.

[207] Yadav A, Shanker U Do peer Effects Matter for Explaining Corporate Board Structures? [R]. Working Paper, 2015.

后　记

这本书是在博士毕业论文的基础上改写而成的。感谢中央财经大学的两位导师马海涛老师和李小荣老师三年不厌其烦和细致入微的指导和帮助。从最初的选题、研究设计、数据收集到论文的撰写，过程中有艰辛和困难，但是小荣老师给予我最坚定的支持和最暖心的鼓励。在撰写论文的过程中，小荣老师去美国哥伦比亚大学留学深造，哥大所处的城市——纽约市与北京市的时差为 12 个小时，因此，我们经常在北京时间晚上 12 点或者纽约时间晚上 12 点讨论论文。特别感谢小荣老师在纽约深夜给我的一次次回复和建议。还记得博士一年级的时候，我把第一次写的论文交给小荣老师，第二天小荣老师跟我说，他看完论文之后，气得从床上跳起来了。在那之后与小荣老师有一次长谈，谈话中老师告诉我，论文不是一蹴而就的，在浮躁心态下是写不好论文的，平时的积累和严谨态度对于写论文都是有帮助的。还记得我一次投稿，由于我对参考文献的标注以及格式的不谨慎，导致大量的参考文献标注和格式错误，给小荣老师带来了很多麻烦。读博士三年的时间里，李小荣老师除了教给了我很多的专业知识，更多的是教给我专业严谨的治学态度以及持之以恒的精神。

如果说李小荣老师是我学术之路上的指路人的话，那刘玉平老师则是引我走上学术之路的灯塔。还记得 5 年前，在中央财经大学主教学楼的 821 办公室与刘老师的第一次见面。刘老师的学术涵养和温文尔雅的性格，让我第一次对老师感受到了亲切感，也是我下定决心要读资产评估博士原因之一。在此之前，我是个从高中开始就特别害怕老师的一名学生，每次与老师的见面都是胆战心惊。虽然未能聆听刘玉平老师更多的教诲，但是刘老师依旧是我这辈子最尊敬的人，是我学术路上的榜样。

在中央财经大学求学的三年时间，有过快乐，有过眼泪，有过艰辛，也有过幸福。最重要的是，很幸运地遇到了能与我分享快乐、眼泪、艰辛和幸福的朋友。特别感谢龚浩在非常繁忙的工作中抽出时间为我的书写序言。感谢静姐在我最艰难的时候给予我的拥抱。感谢涛哥在我彷徨迷茫的时候给予我的训斥和建议。感谢我的同门出粟源在学术道路上的共同成长。感谢粤姐和冰姐的人生建议和温暖。感谢班长甄哥对我的鼓励和支持。感谢哲哥的聊半毛钱的友情。感谢在中央财经大学读博期间的朋友们，希望我们未来还能够并肩作战，一同在学术的路上前行。

本书由首都经济贸易大学财政税务学院资助出版，感谢财政税务学院的李红霞院长、王竞达院长在本书出版中提供的帮助，感谢首都经济贸易大学"新入职科研启动基金项目"的经费支持。感谢马颜平老师为本书的出版给予的帮助。

本书献给我的父母：王建华和叶冬梅。我的父亲是一位林业工作者，早年间为了编写美国百年林业这本书，去美国待了一个月，回来之后给我讲述了他与美国林业学者之间的故事，给我带来全新的感受。除此之外，我的父亲还是一名博士，由于我父亲攻读的博士专业是水土保持与荒漠化，他写博士论文的时候得出入山林和荒漠收集数据，当时的艰辛也许仅有父亲本人才知道吧。我仅记得父亲曾在凌晨两点与母亲通话说在山里取数据，快要冻僵了。还有一次收集数据过程中，大雪封山，被困贵州山区，行100公里山路，回家与我们团聚。我母亲是一名中学老师，在我小时候为我操碎了心，好不容易盼着我上大学了，可以好好休息一下。但是却被病魔给相中了，母亲一共做了6次脑部手术，但是她依旧是那么乐观，有时候还会安慰同病房的病友和家人。6次脑部手术带来了严重的后遗症，母亲的小脑有些萎缩，导致了她走路不平稳，以至于我母亲连续摔过两次。第一次是导致右踝骨双侧骨折；另一次是导致髋关节骨折。每次摔跤对我母亲来说都是一次重创，但是她每次都那么坚强，那么乐观。每每回想起母亲在手术后复健的过程，眼泪似乎都要溢出眼眶了。与父亲母亲相处的点点滴滴是支持我写完博士毕业论文的力量。我相信这股力量也一定会成为我未来前行的助力。感谢他（她）们对我做出的每个决定的支持和理解。没有他们的培养、支持与理解，我不可能在学术路上走下去。